# 管理学原理与实践创新研究

李思林　著

吉林人民出版社

图书在版编目（CIP）数据

管理学原理与实践创新研究 / 李思林著. -- 长春 ：吉林人民出版社，2023.8

ISBN 978-7-206-20391-6

Ⅰ. ①管… Ⅱ. ①李… Ⅲ. ①管理学—研究 Ⅳ. ①C93

中国版本图书馆 CIP 数据核字(2023)第180211号

# 管理学原理与实践创新研究

GUANLIXUE YUANLI YU SHIJIAN CHUANGXIN YANJIU

著　　者：李思林

责任编辑：赵梁爽　　封面设计：张田田

出版发行：吉林人民出版社（长春市人民大街 7548 号　邮政编码：130022）

印　　刷：河北创联印刷有限公司

开　　本：787mm×1092mm　1/16

印　　张：10.25　　字　　数：150千字

标准书号：ISBN 978-7-206-20391-6

版　　次：2023年8月第1版　　印　　次：2023年8月第1次印刷

定　　价：68.00元

# 前 言

“企业管理理论与实践研究”课程是一门建立在经济学、心理学、行为科学、社会学和应用数学等学科基础上的综合性、实践性很强的管理学科专业基础课，它研究和探讨现代企业管理活动的基本规律和一般方法，是管理学科一门重要的基础理论课程。因此，通过挖掘现代企业管理过程的本源，将复杂的管理问题归结为简单的道理与方法，进而探索企业管理过程的工作方法和工作内容，为从事企业实际管理工作奠定理论基础和技术方法。

知识经济、信息经济的时代已经来临，中国市场经济的发展进入了一个新的阶段。随着公司生产经营规模的不断扩大，中国企业的经营管理环境也处于激烈的变革之中。无论是立足于开拓国内市场，还是跻身于国际市场，管理跨度和管理难度都在不断增加，企业面临着信息变革、战略转型与继续成长的挑战。

企业的管理者也同样面临着企业自身发展的瓶颈、内外部环境的变迁等一系列潜在问题和不确定因素，过去积累的管理理念与实战经验，甚至价值观都在经受着新的考验。企业管理对于复合型人才的需求日益提升。工商企业管理、会计与审计、财务管理、营销与策划、市场营销、金融等经济管理类专业的学生就业岗位有以下特征：一是须掌握企业相应的专业技术知识和与之对应的管理技能；二是岗位主要趋向企业的中层和基层；三是今后的岗位群分布主要是围绕企业的生产、经营、技术与管理过程。

本书以管理学原理为主流框架，系统地介绍了管理学的基础知识及其在实践中的应用，立足于系统介绍管理学的基础理论和组织管理的一般性职能。全书以管理过程为主要线索，用通俗易懂的语言全面系统地介绍了管理学基础理论研究的主要成果，力求将管理研究的历史成果和观点有机地整合起来，并尽可能地将各种理论阐述得详细、透彻，以帮助读者更好地理解和指导实践。本书旨在帮助读者建立对管理学的认知和对一般原理的掌握，尽可能将经典的管理理论精练地介绍给读者，使读者能够准确地把握重点、熟记知识。

作者

2023 年 3 月

# 目　录

# 第一章　管理学原理

## 第一节　管理概述

尽管我们常说“技术和管理是推动社会经济发展的两个车轮”，但是历史经验表明：一个企业的成功 30% 靠技术，70% 靠管理，即“三分技术，七分管理”。一个技术先进的企业，如果没有先进的管理做统帅，结果只能是面临倒闭，就像 20 世纪 90 年代中后期我国一些国有企业一样。这是因为管理的作用比技术的作用大：先进的技术弥补不了落后的管理，但先进的管理可以弥补落后的技术。美国发明家、工程师、“科学管理理论”的创始人泰勒就认为：提高劳动生产率的关键不在于技术，而在于管理。

### 一、管理的概念

管理是由人们的劳动协作引起的，是人类生活中最基本、最重要的活动之一。管理广泛存在于社会生活的各个领域，任何组织都离不开管理。人类社会的劳动分工和协作越精细，工作越复杂，科学技术越发达，生产社会化程度就越高，管理也就越重要。管理贯穿于人类生产、生活的一切活动之中。

“管理”是一个广义的名词，外延是很广的，不同的学者从不同的角度解释了这一概念。西方的管理——“Manage”一词源于意大利文“Maneggiare”，原意为“训练马匹”及“处理”的意思。从中国汉字字义上理解，管理就是管人和理事。古典管理学家、科学管理的奠基人泰勒认为：管理是一门怎样建立目标，然后用最好的方法经过他人的努力来达到的艺术。古典管理理论代表人之一亨利 · 法约尔认为：管理就是计划、组织、指挥、协调、控制。诺贝尔经济学奖得主、决策学派创始人之一赫伯特 · 西蒙认为：管理就是决策。美国著名管理学者斯蒂芬 · P. 罗宾斯认为：管理是和其他人一起，通过其他人来切实有效地完成活动的过程。

以上不同的关于管理的定义，对我们全面、深刻地理解“管理”这一概念是非常有益的。综合各家学说，他们在总体上对管理的认识是共通的，即管理都强调了过程，过程表示管理者所执行的职能或从事的主要活动，这些职能可概括为计划、组织、领导和控制；同时管理强调了效率和效果。优秀的管理者做事是既有效率又有效果的，有效果就是实现组织的目标，有效率就是通过最小的资源投入实现组织的目标。

因此，我们认为，管理是指组织中各级管理者在执行计划、组织、领导和控制等各项职能活动中，通过优化配置和协调使用人力、物力、财力和信息等各项资源，有效地实现组织目标的过程。

## 二、管理的性质与基本职能

### （一）管理的二重性

管理的性质又被称为管理的属性，它指的是管理的二重性。管理的二重性是马克思关于管理的基本观点，是马克思在《资本论》中首先提出来的。管理的二重性即管理的自然属性和社会属性。

管理的自然属性也被称为管理的生产力属性或一般属性，是指管理与生产力、社会化大生产相联系而体现出的性质，表现为对人、财、物、信息、时间等资源进行组织、协调和利用的过程。管理的自然属性是一种不以人的意志为转移，也不因社会制度、意识形态的不同而有所改变的客观存在，与生产关系、社会制度没有直接的联系。

管理的社会属性也被称为管理的生产关系属性或特殊属性，是指管理与生产关系、社会制度相联系而体现出的性质，由生产关系的性质和社会制度所决定，是管理维护和巩固生产关系的职能。

管理的自然属性和社会属性是不能分开的。我们可以把管理的自然属性称为管理的一般职能，把管理的社会属性称为管理的特殊职能，而把管理的基本工作（计划、组织、领导、控制等）称为管理的基本职能。在日常管理工作中，管理的一般职能与管理的特殊职能总是结合在一起，在管理的基本职能中体现出来，并一起发挥作用的。

## （二）管理的基本职能

20世纪初，法国工业家亨利·法约尔提出管理者都履行五项管理职能：计划、组织、指挥、协调和控制。如今最为流行的管理学教科书是围绕着管理的职能来组织其内容的，不过一般将基本的管理职能简化为四项：计划、组织、领导和控制。管理者履行这些职能的良好程度决定了其组织的效果和效率。

### 1. 计划

计划是对未来活动如何进行的预先筹划。计划是管理的首要职能，它首先要确定组织的目标，然后制定战略以实现这些目标，确定为了实现组织目标需要采取的行动方案，以及将计划分层开展以协调行动，最后决定如何配置组织资源以实现上述目标。

### 2. 组织

组织是指管理者创建一个有助于实现组织目标的工作关系结构，以使组织成员能够共同工作而实现组织目标的过程。在组织过程中，管理者要根据人们特定的工作任务将其分配到组织的各个部门，确立组织活动和职权的关系，决定如何最好地组织和协调资源。组织的结果是建立一种组织结构，而通过这种结构，管理者组织和激励组织成员努力实现组织的目标。

### 3. 领导

为了有效地实现业务活动的目标，不仅要设计合理的组织，把每位成员安排在适当的岗位上，而且要努力促使每位成员以高昂的士气、饱满的热情投身到组织活动中去，这便是领导工作的任务。所谓领导，是指利用组织赋予的权力和自身的能力去指挥和影响下属为实现组织目标而努力工作的管理活动过程。有效的领导要求管理人员在合理的制度环境中，利用优秀的素质，采用适当的方式，针对组织成员的需要和行为特点，采取一系列措施去提高和维持组织成员的工作积极性。

### 4. 控制

控制是为了保证系统按预定要求运作而进行的一系列工作，包括根据计划标准检查和监督各部门、各环节的工作，判断工作结果与计划要求间是否存在偏差；如果存在偏差，则要分析偏差产生的原因以及产生偏差后对业务活动的影响程度；在此基础上，如果有必要的话，还要针对原因，制定并实施纠正偏差的措施，以确保计划的顺利进行和计划目标的有效实现。

上述四项管理的基本职能，在时间方面的逻辑关系通常按照一定的先后顺序发生，即先计划，继而组织，然后领导，最后控制。但从不断持续进行的实际管理过程来看，在进行控制工作的同时，往往又需要编制新的计划或对原计划进行修改，并开始进行新一轮的管理活动。这意味着管理过程是一个各职能活动周而复始的循环过程。

## 第二节　管理者

### 一、管理者的含义

顾名思义，管理者就是一个组织中从事管理活动的人员。大量事实证明，一个组织的成功与失败，在很大程度上取决于管理者。彼得·德鲁克指出：管理者是每个企业中富有活力，赋予企业生机的因素。缺乏管理者的领导，生产资源仍然是资源，但绝不会成为产品。尤其是在一种竞争的经济中，管理者的素质和工作状况决定着企业的成败，甚至决定着企业的生存，因为管理者的素质和工作能力是一个企业在一个竞争的经济环境中唯一能够拥有的有效优势。

从广义上讲，管理者的含义是泛指所有执行管理职能，并对组织目标的实现做出实质性贡献的人。这既包括执行传统意义上的管理职能，对他人工作负有责任的人，又包括承担特殊任务，不对他人工作负有责任的人，或者介于这两者之间的人。只要一个人利用其职位和知识，以个人的方式对组织做出实质性的贡献，使该组织工作有成就，就是一位管理者，而不管他对他人是否具有管理、监督的权力，是否拥有下属，例如高级工程师、高级会计师、高级经济师等。

### 二、管理者的分类

组织中的管理者，由于他们的职责和权限不同，他们所起的作用和所处的地位也就不同。因此，可以按照不同的标志把一个组织中的管理者划分为不同的类型。最基本的划分方法是按照管理者所处的组织层次和其从事工作的领域进行划分，即从组织的纵面和横面对管理者进行分类。

### （一）按管理者所处的组织层次分类

管理者可分为高层管理人员、中层管理人员和基层管理人员。

高层管理人员是指对整个组织的管理负有全面责任的人。他们的主要职责是：制定组织的总目标、总战略，掌握组织的大政方针并评价整个组织的效果。在与外界的交往中，他们往往以组织“代表”的身份出现。

中层管理人员通常是指处于高层管理人员和基层管理人员之间的一个或若干个中间层次的管理者。他们的主要职责是：贯彻执行高层管理人员所制定的重大决策，监督和协调基层管理人员的工作。与高层管理人员相比，中层管理人员更注意日常的管理事务。

基层管理人员也称一线管理人员，是组织中处于最低层次的管理者，他们所管辖的仅仅是作业人员（操作者），不涉及其他管理者。他们的主要职责是：给下属作业人员分派具体工作任务，直接指挥和监督现场作业活动，保证各项任务的有效完成。

上述三个不同层次的管理者，其工作内容和性质存在很大的差别。一般来说，一线管理人员所关心的主要是具体的战术性工作，而高层管理人员所关心的主要是抽象的战略性工作。

### （二）按管理者的领域分类

管理者还可以按其所从事管理工作的领域宽度，划分为综合管理人员和专业管理人员两大类。综合管理人员是指负责管理整个组织或组织中某个事业部全部活动的管理人员。对于小型组织（如一家小工厂）来说，可能只有一名综合管理者，那就是总经理，他要统管该组织内的包括战略、生产、营销、人事、财务等在内的全部活动。而对于大型组织（如跨国公司）来说，可能会按产品类别设立几个产品分部，或按地区设立若干地区分部。此时，该公司的综合管理人员就包括总经理和每个产品或地区分部的经理，每个分部的经理都要统管该分部，包括战略、生产、营销、人事、财务等全部活动。

除了综合管理人员外，组织中还可能存在专业的管理人员，即仅仅负责管理组织中某一类活动（或职能）的管理者。根据这些管理者所管理专业领域的不同，可以具体划分为生产部门管理者、营销部门管理者、人事部门管理者、财务部门管理者以及研究开发部门管理者等。对于这些部门的管理者，可以泛称为生产经理、营销经理、人事经理、财务经理和研究开发经理等。对于现代组织来说，随着其规模的不断扩大和环境的日益复杂多变，将越来越多地需要专业管理人员，专业管理人员的地位也变得越来越重要。

## 三、管理者的角色

管理者在管理过程中必须充当一定的角色，而扮演的角色是否合格，在很大程度上决定了管理效果的好坏。对于这一问题，加拿大麦吉尔大学的管理学教授亨利·明茨伯格以对五位总经理的工作的研究为依据，在麻省理工学院的斯隆管理学院完成了他的博士论文《工作中的经理——由有结构的观察确定的经理的活动、角色和程序》。在博士论文的基础上，明茨伯格出版了《经理工作的性质》一书。这本书成为经理角色学派的代表著作。

经过长期的研究，明茨伯格发现，管理者在一个组织中要扮演十种不同的但又高度相关的角色。这十种角色可以进一步被归入三大类——人际关系、信息传递和决策制定方面的角色。

### （一）人际关系角色

管理者在处理其与组织成员和其他利益相关者之间的关系时，就扮演着人际关系角色。

#### 1. 代表人角色

作为所在单位的领导，管理者必须行使一些具有礼仪性质的职责，如出席集会、宴请重要客户等。

#### 2. 领导者角色

由于管理者对所在单位的成败负有主要责任，他们必须在工作小组内扮演领导者角色。

#### 3. 联络者角色

管理者无论对内、对外都扮演着联络者的角色。

### （二）信息传递角色

管理者应保证和一起工作的人有足够的信息，从而能够顺利完成工作，这时他们就扮演着信息传递角色。

1. 监督者角色

作为监督者，管理者要持续关注组织内外环境的变化以获取对组织有用的信息。

2. 传播者角色

作为传播者，管理者把重要的信息传递给工作小组成员，有时也向工作小组隐藏特定的信息。更重要的是，管理者必须保证员工具有必要的信息以便切实有效地完成工作。

3. 发言人角色

作为发言人，管理者把信息传递给单位或组织以外的个人。

### （三）决策制定角色

管理者在处理信息并得出结论的过程中扮演着决策制定角色。

1. 企业家角色

管理者对所发现的机会进行投资以利用这种机会，如开发新产品、提供新服务、发明新工艺。

2. 混乱驾驭者角色

管理者必须善于处理冲突和解决问题，如平息客户的怒气、同不合作的供应商进行谈判，或者对员工之间的争端进行调解，等等。

3. 资源分配者角色

管理者决定资源用于哪些项目。

4. 谈判者角色

研究表明，管理者把大量的时间花费在谈判上。谈判对象包括员工、供应商、客户、其他工作小组等。

## 四、管理者的技能要求

作为管理者，在行使管理职能和扮演管理者角色时，必须要具备一定的技能。美国管理学家罗伯特·卡茨在《哈佛商业评论》中发表了一篇名为《能干的管理人员应具有的技能》的论文，指出管理者需要三种基本的管理技能：技术技能、人际技能和概念技能。

### （一）技术技能

技术技能指与特定工作岗位有关的专业知识和技能，如生产技能、财务技能、营销技能等。管理者不必成为精通某一领域的技能专家，但需要了解并初步掌握与其管理的专业相关的基本技能，否则很难与他所主管的组织内的专业技术人员进行有效的沟通，从而无法对所辖业务范围的各项工作进行具体的指导。

不同层次的管理者，对于专业技能要求的程度是不同的。基层管理者需要较多的技术技能，而高层管理者有一般性的了解即可。

### （二）人际技能

人际技能指与处理人际关系有关的技能，即理解、激励他人和与他人共事的能力。人际技能的内涵包括领导能力，但远比领导能力广泛，因为管理者除了领导下属外，还要与上级领导和同级同事打交道，还得学会说服上级领导、领会领导意图、学会与同事合作等。

处理人际关系的技能，对于高、中、基层管理者有效地开展工作都是非常重要的。正如一位专家所评论的："在许多公司，一个管理者失败的原因不是他没有技术技能，而是缺乏人际关系的技能。"

### （三）概念技能

概念技能指综观全局、认清为什么要做某事的能力，也就是洞察组织与环境要素间相互影响和相互作用的复杂性的能力，即管理者在任何混乱、复杂的环境中，敏锐地辨清各种要素之间的相互关系，准确地抓住问题的实质，果断地做出正确决策。

要成为有效的管理者，必须具备上述三种技能，缺一不可。然而，这些技能对于不同层级管理者的重要性也不同。

# 第三节　管理发展史

## 一、管理的历史背景

管理活动源远流长，自古即有，但形成一套比较完整的理论，则经历了漫长的历史发展过程。追溯管理思想及管理理论的演变过程，可以使我们更加充分地认识和把握今天的管理。

管理作为一门学科，始于19世纪末，但管理思想伴随着人们管理活动的实践，已经存在了数千年。

早期的管理思想主要产生于世界文明古国。公元前5000年左右，古埃及人建造了世界第一大奇迹——金字塔，它不仅是劳动人民勤劳与智慧的结晶，同时还是历史上伟大的管理实践。古罗马帝国之所以兴盛，在很大程度上应归功于卓越的组织才能，他们采取了较为分权的组织管理形式，从一个小城市发展成为一个世界帝国。罗马天主教会早在第一次工业革命之前，就成功地解决了大规模活动的组织问题，即采用了按地理区域划分基层组织，并在此基础上采用效率很高的职能分工，在各级组织中配备参谋人员，从而使专业人员和下级参与制定决策的过程，又不破坏指挥的统一。

开始于18世纪的工业革命以及工厂制度的出现，催生了西方现代管理思想的萌芽。许多理论家，特别是经济学家，在其著作中对有关管理方面的问题涉及得越来越多。

## 二、管理学理论的萌芽

中世纪后期，随着工业革命及工厂制度的发展，工厂以及公司的管理问题越来越突出。许多理论家和实践者对管理的问题进行了探讨，他们的著作和总结为后来的科学管理理论的形成打下了坚实的理论基础。

## 三、管理理论的产生与发展

人类系统地研究并形成管理理论是在19世纪末20世纪初，至今已经历了百年的发展。一般将管理理论的发展分成以下三个阶段。

第一阶段，从19世纪末到20世纪30年代，被称为“古典管理理论阶段”，以泰勒的科学管理理论、法约尔的一般管理理论和韦伯的行政组织理论为代表。

第二阶段，产生于20世纪30年代，被称为“行为科学理论阶段”或“人际管理理论阶段”，以梅奥的人际关系理论为代表。

第三阶段，从20世纪40年代到现在，被称为“现代管理理论阶段”，主要代表有社会系统学派、管理过程学派、行为科学学派、管理科学学派、决策理论学派、系统管理理论学派、权变理论学派、经验主义学派等诸多学派。

### （一）古典管理理论

古典管理理论形成于19世纪末20世纪初。经过产业革命后，科学技术有了较大的发展，许多新发明不断涌现，但是管理仍采用“师傅带徒弟”的方式，经验主义和主观臆断盛行，缺乏科学的依据，这就造成传统的经验管理越来越不适应管理实践的需要。为了适应生产力发展的需要，改善管理的粗放和低水平，当时在美、法、德等国都产生了科学管理运动，从而形成了各有特点的管理理论。尽管这些管理理论的表现形式各不相同，但实质都是采用当时所掌握的科学方法和科学手段对管理过程、职能和方法进行探讨和试验，奠定了古典管理理论的基础，形成了一些以科学方法为依据的管理原理和方法。

### （二）行为科学理论

20世纪初，资本主义世界经济进入了一个新的时期，生产规模扩大，社会化大生产程度提高，新技术广泛应用于生产部门，新兴工业不断出现，同时，社会经济中劳资矛盾进一步加剧，工人的不满和对抗情绪日益严重。在这种情况下，古典管理理论重物轻人、强调严格管理的思想已不能适应新的形势要求。一些管理学者从进一步提高劳动生产率的角度，把人类学、社会学、心理学等运用到企业管理中去，从20世纪20年代开始逐渐形成了行为科学理论。所谓行为科学，就是对工人在生产中的行为及行为产生的动机进行分析，以便调节人际关系，提高劳动生产率。行为科学理论研究的内容早期被称为人际关系学说，以后发展成了行为科学，即组织行为理论。行为科学理论研究的内容主要包括人的本性和需要、行为动机、生产中的人际关系等。

### （三）现代管理理论的丛林

西方现代管理理论的形成标志着西方管理理论进入了第三个发展阶段。它是在20世纪50年代后，随着社会生产力的发展以及社会学、系统科学、电子计算机技术在管理领域中广泛地应用而逐渐形成的。人们通常所说的西方现代管理理论不是一种管理理论，而是对各种不同管理学派理论的统称。哈罗德·孔茨发表了一篇名为《管理理论的丛林》的论文，详细阐述了管理研究的各种方法，对现代管理理论中的各种学派加以分类，从中概括出六个代表性的学派。20世纪80年代，孔茨又撰文《再论管理理论的丛林》。在该文中，他指出经过近20年的时间，管理理论的丛林更加茂密，有代表性的管理理论学派由六个增加到十一个，并概要分析了这些学派。

### （四）计划与计划工作的概念

“计划”一词可以从两个方面理解：从名词意义上说，计划是指用文字和指标等形式表达，在制订计划工作的过程中所形成的各种管理性文件；从动词意义上说，计划是指为实现决策目标而制订计划工作的过程。

计划是为实现组织目标而对未来行动所做的综合的统筹安排，是未来组织活动的指导性文件。计划工作有广义和狭义之分。广义的计划工作是指制订计划、执行计划和检查计划的执行情况三个阶段的工作过程；狭义的计划工作则是指制订计划。

## 四、控制职能

### （一）控制的概念

控制是管理的重要职能之一，是保证企业计划与实际作业动态适应的管理职能。所谓控制，就是指为了实现组织目标，以计划为标准，由管理者对被管理者的行为活动进行检查、监督、调整等的管理活动过程。

在现代管理活动中，控制既是一次管理循环的终点，是保证计划得以实现和组织按既定的路线发展管理的职能，又是新一轮管理循环的起点。要保证组织的活动按照计划进行，控制是必不可少的。

### （二）控制的作用和目的

#### 1. 控制的作用

（1）检验作用。控制检验各项工作是否能按预定计划进行，同时也检验计划的正确性和合理性。

（2）调节作用。在计划执行的过程中，控制对原计划进行修改并调整整个管理过程。

#### 2. 控制的目的

（1）对于经常发生迅速变化而又直接影响组织活动的“急症问题”，应控制随时将计划的执行结果与标准进行比较，若发现有超过计划允许范围的偏差，应及时采取必要的纠正措施，使组织内部系统活动趋于相对稳定，实现组织的既定目标。

（2）对于长期存在着的影响组织素质的“慢性病症”，控制要根据内外环境变化对组织提出新的要求，以满足组织不断发展的需求，打破执行现状，重新修订计划，确定新的管理控制标准并使之更先进、更合理。

## （三）控制的类型

### 1. 按控制目的和对象划分

控制可分为纠正执行偏差和调整控制标准两种类型。

纠正执行偏差是使执行结果符合控制标准的要求，为此需要将管理循环中的实施环节作为控制对象。这种控制的目的就是缩小实际情况与控制目标之间的偏差。

调整控制标准则是使控制标准发生变化，以便更好地符合内外现实环境和条件的要求，其控制作用的发生主要体现在管理循环中的计划环节，也就是其控制对象包括控制标准本身。这种控制的目的就是使控制标准产生动荡和变动，使之与实际情况更接近，即正馈控制。

### 2. 按控制信息获取的时间划分

控制职能可以按照活动的位置，即控制事物进程的哪一阶段，划分为前馈控制、现场控制和反馈控制三种类型。

事先识别和预防偏差的控制称为前馈控制，有时也被称为预备式控制或预防式控制。

现场控制是一种同步、实时的控制，即在活动进行的同时就实施控制。例如，管理者亲临现场进行指导和监督就是最常见的一种现场控制活动。

反馈控制是在活动完成之后，通过对已发生的工作结果的测定发现偏差和纠正偏差，或者是在内外环境和条件已经发生了重大变化而导致原定标准和目标脱离现实时，采取措施调整计划。反馈控制又称事后控制或产出控制，其控制重心放在组织的产出结果上，尤其是最终产品和服务的质量。

### 3. 按采用的控制手段划分

控制可以分为直接控制和间接控制两种类型。

直接控制是控制者与被控制对象直接接触进行控制的形式。间接控制是控制者与被控制对象之间并不直接接触，而是通过中间媒介进行控制的形式。

4. **按控制源划分**

控制可以分为三种类型，即正式组织控制、群体控制和自我控制。

正式组织控制是由管理人员建立和设计的一些机构或规定来进行控制。像规划、预算和审计部门都是正式组织控制的典型例子。群体控制基于群体成员的价值观念和行为准则，是由非正式组织发展和维持的控制形式。自我控制是个人有意识地去按某一行为规范进行活动。

5. **按问题的重要性和影响程度划分**

控制可以分为任务控制、绩效控制和战略控制三种类型。

任务控制又称业务控制，是针对基层生产作业和其他业务活动直接进行的控制形式。此种控制多采用反馈控制法，其目的就是确保有关人员或机构按既定的质量、数量、期限和成本标准完成所承担的工作任务。

绩效控制是一种财务控制，即利用财务数据观测企业的经营活动状况，以此考评各责任中心的工作实绩，控制其经营行为。此种控制亦称为责任预算控制或以责任发生制为基础进行的控制。

战略控制是对战略计划和目标的实现程度所进行的控制。战略控制站在更高的角度看待问题，而不像低层次的控制活动那样仅局限于矫正眼前的、内部的具体执行工作。

### （四）控制的过程

控制的对象一般都是人员、财务、作业、信息及组织的总体成绩。无论针对哪种控制对象，所采用的控制技术和控制系统在实质上都是相同的。控制的基本过程主要包括以下三个步骤。

1. **确定标准**

要控制就要有标准，目标和计划是控制的总标准。为了对各项业务活动实施控制，还必须以总标准为依据设置更加具体的标准。计划方案的每个目标，以及这些方案所包括的每项活动、每项政策、每项规程和每项预算，都可以成为衡量实际业绩或预期业绩的标准。在实际工作中，不管采用哪种类型的标准，都需要按照控制对象的特点来确定。

2. **衡量绩效**

衡量绩效就是按照标准衡量工作实绩达到标准的程度，其实也是控制中信息反馈的过程。在确定了标准以后，为了确定实际工作绩效究竟如何，管理人员首先需要收集必要的信息，考虑如何衡量和衡量什么。当工作实绩与标准产生差异时，就说明工作出现偏差。该步骤包括两个方面内容：一是搜集反映实际绩效的信息；二是比较实际绩效与标准并找出差异。

3. 纠正偏差

采用必要的措施纠正偏差是控制过程的关键。利用科学的方法，依据客观的标准，对工作绩效进行衡量，可以发现计划中出现的偏差。纠正偏差就是在此基础上，分析偏差产生的原因，制定并实施必要的纠正措施。这项工作使得控制过程得以完善，并将控制与管理的其他职能相互联结；通过纠偏，组织计划得以遵循，使组织结构和人事的安排得到调整。

## 第四节　当代管理理论的进展

### 一、学习型组织

学习型组织，是指通过营造整个组织的学习气氛，充分发挥员工的创造性思维能力，建立起的一种有机的、高度柔性的、横向网络式的、符合人性的、能持续发展的组织。美国学者彼得·圣吉出版了《第五项修炼——学习型组织的艺术与实践》一书，指出未来组织所应具备的最根本性的品质是学习。要使组织变成一个学习型组织，必须具有以下五项修炼的扎实基础。

#### （一）系统思考

系统思考是五项修炼的核心，强调把各个独立、片段的实践联系起来看，以发现内在的互动关系。

#### （二）自我超越

自我超越是五项修炼的基础，强调要认识真实世界，关注于创造自己最理想的境界，并由这两者之间的差距产生不断学习的意愿，不断地进行自我创造和自我超越。

### （三）改善心智模式

人们要学习如何改变自己多年来养成的思维习惯，摒弃陋习，下力气强制和约束自己进入新的心智模式，破旧立新。

### （四）建立共同愿景

所谓共同愿景，是指能鼓舞组织成员共同努力的愿望和远景，或者说是共同的目标和理想。共同愿景主要包括三个要素：共同的目标、价值观与使命感。为此，组织需要建立共同的理想、共同的文化、共同的使命，能使员工看到组织近期、中期和远期的发展目标和方向，从而使员工心往一处想、劲往一处使，使每个人的聪明才智得以充分发挥，使组织形成一种合力。

### （五）团队学习

团队学习就是组织化的学习或交互式的学习。团队学习是适应环境突变的最佳方式，唯有大家一起学习、成长、超越和进步，才能让组织免遭冲击，创造持续佳绩。

学习型组织突破了原有方法论的模式，以系统思考代替机械思考，以整体思考代替片段思考，以动态思考代替静止思考。该理论试图通过一套修炼方法提升人类组织整体动作的“群体智力”。现代企业和其他许多组织面临同样复杂多变的环境，只有增强学习能力，才能适应种种变化。未来，真正出色的组织将是能够设法使组织各阶层人员全心投入，并有能力不断学习的组织，也就是“学习型组织”。

## 二、知识管理

知识管理是网络新经济时代的新兴管理思潮与方法。彼得·德鲁克预言：“知识将取代土地、劳动、资本与机器设备，成为最重要的生产要素。”知识管理大师斯威比用瑞典文出版了《知识型企业》一书，使他成为知识管理理论与实践的“瑞典运动”的思想源泉。斯威比和英国知识管理专家汤姆·劳埃德合著出版了《知识型企业的管理》一书，提出了一整套知识型企业管理理论和实用方法。该书成为知识型企业管理的开山之作。斯威比出版了《知识管理》一书，是世界上第一部以“知识管理”为题的著作。在信息时代，知识已成为最主要的财富来源，而知识工作者就是最有生命力的资产，组织和个人最重要的任务就是对知识进行管理。知识管理使组织和个人具有更强的竞争实力，并做出更好的决策。

知识管理的定义为，在组织中构建一个人文与技术兼备的知识系统，让组织中的信息与知识，通过获得、创造、分享、整合、记录、存取、更新等过程，达到知识不断创新的最终目的，并回馈到知识系统内，形成永不间断的累积。个人与组织的知识成为组织智能的循环，在企业组织中成为管理与应用的智能资本，有助于企业组织做出正确的决策，应对市场的变迁。

知识管理是公司一个正式、规范的流程，通过这个流程，首先推断公司所拥有的何种信息对公司其他人有所裨益，然后设法使公司上下能够方便地获得该信息。在实践中，不同的组织机构采用不同的知识管理模式，但通常都包括以下步骤：创建最佳实践的信息库；在公司客户、服务人员和产品制造人员之间建立信息沟通网络；建立正式的流程，以保证在项目执行过程中所获得的经验教训能够传授给执行相似任务的同事。

## 三、顾客关系管理

顾客关系管理，是企业电子化工作中很重要的一环，其宗旨是企业以确保顾客满意为目标，始终能在市场上维持竞争力。

顾客关系管理的定义就是，导入信息系统，以规范企业与顾客来往的一切互动行为与信息。为有效管理企业的顾客关系，应针对所有的顾客进行分层化与差异化服务，并建立信息架构、企业等级的顾客关系管理软件。顾客关系管理通常包括行销管理、销售管理、顾客管理三大功能。

顾客关系管理能够有效解决企业面对顾客的复杂烦琐事务，为企业提供迅速反映顾客需求、弹性响应市场变化、缩短顾客服务时间与流程、增加顾客服务满意度等效益。

顾客关系管理三大功能的内涵为：行销管理功能可以分析市场价格变化、预测市场趋势以及妥善规划市场活动的管理；销售管理功能可以整合企业的行销资源，统合一切行销信息；顾客管理功能可以提升顾客满意度，抓住核心顾客的需求，开发顾客潜在市场，同时提供线上平台查询接口与通过线上记录随时响应顾客的问题和抱怨，且实时检讨服务流程和进度。

## 四、战略联盟理论

普瑞斯、戈德曼、内格尔合著了《以合作求竞争》一书。他们提出新型企业没有明确的界限划分，其作业过程、运行系统及全体职工都应与顾客、供应商合作伙伴、竞争对手相互作用和有机联系在一起。只有这样，企业才能走出孤立交易的小圈子，进入相互联合的王国，获取竞争优势。这种相互联系、相互影响的组织关系形式就是战略联盟，其竞争优势就是通过建立联系来实现互利，从而创造价值。

大量事实表明，企业独立经营的时代已经过去，现在一个企业的决策立即会影响世界各地其他企业的决策。在这多变的环境中，企业如何才能兴旺发达？普瑞斯等人认为，应把企业转变为战略联盟来经营，同顾客、供应商甚至是竞争对手建立紧密关系。双赢性是战略联盟理论的最大特征。该理论认为：企业靠自身力量，长期投入人力、物力、财力，长期与竞争对手抗衡，难以收到预期效果。失败者不得不退出市场，成功者也将受到严重打击。而与其他企业甚至竞争对手建立战略联盟，整合每个企业的资源，能不断提高企业的核心竞争力，以达到双赢的目的。

# 第二章　一般管理理论和行政组织理论

## 第一节　一般管理理论

一般管理有一个含义是“平常的、基本的理论”，也可以理解为“稀松平常”的意思。一般管理理论，这个看似很平淡的名字，实际上包含着“非常狂妄的口吻”，因为还有一种意思是“普遍适用”，而“普遍适用”也可以理解为“放之四海而皆准”。既然“稀松平常”，就没有必要仔细学习；如果是“普遍适用”，那就应该好好研究。

提出“一般管理”，亨利·法约尔，当时正是一名平稳经营的企业的总经理。

亨利·法约尔出生在一个法国资产阶级家庭，在1860年进入科芒特里—富香博公司。他的全部工作生涯都是在这个采矿和铸铁联营公司度过的。1916年，法约尔在75岁高龄发表了《工业管理与一般管理》一书。这本小册子虽然内容不多，但是非常经典，对整个管理理论的影响很大。

法约尔对管理的研究是从“办公桌前的总经理”开始的（泰勒研究管理理论是从“车床前的工人”开始的）。他研究管理问题的视角与泰勒是有很大差别的，他具备从一个较整体的角度考虑管理问题的条件，自上而下地考察管理实践。

法约尔的管理理论针对的主要是一般性经营管理，他的理论被称为“一般管理理论”。由于法约尔对经营管理理论的杰出贡献，他被尊称为“现代经营管理之父”。

### 一、一般管理的框架

#### （一）企业经营六类活动

法约尔首先是从企业的经营考虑的，他把企业的经营分为六类活动：技术活动、商业活动、财务活动、会计活动、安全活动、管理活动。现在，如果让我们考虑一下一个制造型企业的经营，笼统地所能想到的大概就是市场、生产、技术、采购、财务、会计、生产安全等方面，如果把市场与采购等对外交易（交换）活动概括为商业活动，基本上就与法约尔概括的企业经营活动的内容差不多了。这样看来，法约尔对企业经营活动的划分，实在是“太一般”“太普通”了。

法约尔对于企业经营活动划分的贡献在于三点：一是明确提出了管理活动，并认为管理活动是与其他活动并列的，是企业经营活动之一，并阐述了“管理活动的重要性”；二是明确提醒企业经营者们所要关注的方面；三是将企业经营理论用文字的形式概括出来，有利于以后这方面理论的发展。

### （二）管理五要素

如果现在思考一下，一个群体如何分工合作？怎样把人、机器、原材料等安排好？一个企业如何把产品生产出来并提供到市场上去，应该怎么去管理？也许，很多人也会想到计划、组织、指挥、协调、控制等方面。对照一下法约尔的管理五要素，发现真的是“很普通、很一般”了。

法约尔从生产的组织过程提出的管理五要素，虽然看起来非常“一般”，但就是这个非常朴素的一般管理，为管理理论奠定了坚实的基础，对以后各种管理理论有着深远的影响。之所以管理能够系统化地进行研究与传播，是因为法约尔对此有着不可磨灭的贡献。

### （三）管理十四条原则

法约尔同时提出了管理要遵循十四条原则。

经营活动的分类、管理五要素、管理十四条原则，这些被认为是“普遍适用于平稳经营的企业的”。

## 二、法约尔对“经营”和“管理”进行了区分

法约尔认为，“经营”是指导或引导一个组织趋向某一个既定目标，它的内涵中包括企业管理。法约尔提出了普遍意义上的管理定义，即“管理是普遍的一种单独活动，有自己的一套知识体系，由各种职能构成，管理者通过完成各种职能来实现目标的一个过程”。

法约尔认为，企业无论大小、简单还是复杂，其全部活动都可以概括为六种

（经营的六项职能）：技术职能（指生产、制造、加工等活动）；商业职能（指购买、销售、交换等活动）；财务职能（指资金的筹措和运用等活动）；安全职能（指设备维护和职工安全等活动）；会计职能（指货物盘存、成本统计、核算等活动）；管理职能（其中又包括计划、组织、指挥、协调和控制五项职能活动）。

法约尔明确指出，前五种职能都不负责制定企业的总经营计划，不负责组织、协调，它们组成了另一种职能，人们习惯称之为“经营”。在这六种基本活动中，管理活动处于核心地位，其余五项企业经营活动也需要管理。因此，法约尔给“管理”下了定义：管理，就是实行计划、组织、指挥、协调和控制的过程。

我们可以让思绪回到法约尔时代。在思考企业经营时，从职能的角度进行分工，五大类的分工，缺少了一个重要的方面，就是这些分工之间的联系，法约尔就把这类活动称为第六类活动，也就是管理活动。这是人类历史上有记载的第一次将经营与管理进行区分，并且对管理活动进行界定。

法约尔明确提出：“较高层的领导人更擅长于管理，胜于精通技术（前面提到，德鲁克也是这样认为）”“不管哪一种职能，下属人员的主要能力是具有某种职能特点的能力（技术能力、商业能力、财务能力等），而高级人员的主要能力是管理能力”。法约尔还认为，企业越大，层级越高，管理能力就越重要。

法约尔认为，管理能力首先要通过教育获得，缺少管理教育的真正原因是缺乏管理理论。而写《工业管理与一般管理》这本书，就是法约尔想要尽快建立一种管理理论，便于人们比较、讨论，便于通过学校进行管理教育，便于学校的教师提取出适合教给学生的东西，从而进行企业经营管理方面的教育。

## 三、法约尔提出的管理五要素

法约尔认为管理活动包括五项要素，即计划、组织、指挥、协调、控制。

### （一）计划

计划是法约尔强调最多的。对法约尔来讲，管理意味着往前看。法约尔强调“管理应当预见未来”。他认为，如果说预见性不是管理的全部的话，至少也是其中一个基本的部分。

计划工作表现的场合有许多，并且有不同的方法。计划的主要表现、明显标志和最有效的工具就是行动计划。行动计划既反映了所要达到的结果，又指出了所遵循的行动路线、通过的阶段和所使用的手段。拟订行动计划的依据如下：

（1）企业的资源，如厂房、工具、原料、资本、人员、生产能力、销售渠道、公众关系等。

（2）目前正在进行的工作的性质和重要性。

（3）企业的未来发展趋势，它部分取决于技术的、商业的、财政的及其他的条件。

上述三方面的条件都在变化，所以计划是每个企业最重要、也是最困难的工作之一。对于一个企业的领导人及其助手们，制定一个好的计划除了必须具备各种技术的、商业的、财务的，以及其他方面的能力之外，还应加上可靠的管理能力。

法约尔还认为一个好的计划应具有以下特点：

（1）统一性，每项计划不仅有总体计划，还有具体的计划。

（2）连续性，不仅有长期的计划（制定长期计划是非常重要的，这是法约尔对当时管理思想的一个比较大的贡献），还有短期的计划。

（3）灵活性，能应对意外事件的发生。

（4）精确性，应使计划具有客观性，不带主观的臆测。

法约尔还提出了被现代权威们称为“随机应变计划”的早期定义。

最佳的计划是不可能预知所有可能发生的偶然性，但它的确包含了一系列事件，并在急需时为可能的需要提供武器。这种计划不仅保护企业免遭假定事件可能产生的不利变化的影响，而且可以防备那些因上级领导的改变而发生目标改变的现象。首先，它可以抵御最终可能偏离企业目标的偏差和极细微的变化。

法约尔所提出的随机应变计划，与有些不懂管理、不懂计划的人所说的“计划不如变化快”是根本不一样的。因为法约尔提出的“随机应变计划”，是基于“未来可能出现多种情况，对各种可能性与偶然性进行防范、应对”的含义。法约尔认为，没有预见性是缺乏责任感的表现。

### （二）组织

组织，包括为各种活动和各种关系以及人员的雇用、评价和培训做好准备。后来的学者们把法约尔的组织要素划分成两个要素：组织工作和人员配备（即人力资源管理）。法约尔认为，组织一个企业就是为企业“提供一切有助于实现职能的东西：原料、工具、资金、人员”，管理部门的职责就是设法使人员和物资的组织符合公司的目标、资源条件和有关的要素。组织结构的安排必须要保证公司在实现其目标时能进行统一的领导。适当的结构将会对工作的职责做出明确的规定，鼓励发挥主动性和承担责任，而且能协调活动。有了适当的结构既能确保控制，又不会“出现过多的条例和控制公文”。组织结构必须同企业的目标、资源和需要相一致。可以看出，法约尔预见到了现代组织设计的权变而恰当的理论。

特别值得一提的是，法约尔给即将毕业的学生的建议很有意思。笔者整理了以下几条推荐给大家。

（1）即使毕业前已经学习了管理知识、商业知识、会计知识，等等，但仍然缺乏实践经验的知识，而这些知识只有接触人和事才能得到。

（2）初到工作岗位，首先应该学习业务知识。

（3）人们不是根据你懂得什么对你进行评价，而是根据你的工作成果来进行评价。

（4）懂得与人合作，并建立良好的合作基础，非常关键。

（5）尊重他人；考虑到他人的个人利益；自己出错时，要公开承认。

（6）坚持抽出时间去学习。努力补充专业知识，但不要忽视一般知识。

（7）保持身体健康，经常锻炼身体，按时休息。

（8）年轻人要勇敢、热情，决不能自暴自弃，相信自己，不要自高自大，要勇于承担责任。

（9）婚姻是一件关系到生活幸福，甚至关系到前途成功的事情，要选择相配的伴侣。

### （三）指挥

法约尔认为，指挥是一种以某些人的品质和对管理的一般原则的了解为基础的艺术。行使指挥权的管理人员应该做到以下几点：

（1）对职工要有深入的了解。

（2）淘汰没有工作能力的人。应该使每位成员认识到淘汰是必要的，而且是正确的。如果没有意识到淘汰是必要而且是正确的，那么工作安全感将受到破坏，每位成员对未来的信心将越来越少，因此工作的热情也相继减少。

看到这个地方的时候，学生可以想象一下，如果大学实行淘汰呢？

（3）深入了解企业与职工之间的协议。

对于我们而言，管理者在了解组织与员工之间的协议时，应该首先想到自己也是组织中的一员，而不要把自己当成“组织”。

（4）做出榜样。

我们想一下：什么是榜样？其应该是界定管理者的行为规范。管理者无须成为榜样，只要尽职尽责就可以了。在现实中，管理者的职责往往界定不清楚。对于管理者的行为规范，不仅管理者不清楚，其他员工也不清楚。如果组织中所有的员工都清楚管理者的职责与行为规范，就会起到一定的约束作用。约束管理者尽责，才是管理的关键。

（5）对组织进行定期检查。使用概括的图标来促进这项工作。

（6）会议与报告。法约尔认为，这是分工之后彼此相互了解、相互接触的重要方式；并且汇报是监督与控制的补充。

（7）领导不要在工作细节上耗费精力。领导应该事事都了解，但不是事事都插手、都去解决，不一定非要自己做的事情，可以交于部下和参与部门去做。

现在有些人常讲“细节决定成败”，这句话没有什么大问题（细节决定成败是有前提的。或者说，整体、全局、方向上没问题的前提下，细节可能决定成败），但领导人太拘泥于细节，失败的可能性更大。对于高管来说应该是重视细节，但不拘泥于细节。

（8）力争使成员充满团结、积极、主动和忠诚的精神。

笔者认为，能做到这一点很难。这一点不仅涉及企业内部制度环境、执行环境，还涉及制度外部环境，甚至涉及具体的人文与社会环境。

## （四）协调

法约尔说：“协调就是指企业的一切都要和谐配合，这样做的目的就是使企业的工作能够顺利地进行，并有利于企业获得成功。协调的另一种功能就是使职能的社会组织机构和物资设备机构之间保持一定的比例。这个比例是每个机构高效、保质保量完成任务的保证。总之，协调的目的是事情和行为都有一个合适的比例。”

法约尔还提出了以下关于判断企业协调的一些事实。

（1）首先看到每个部门的工作都与其他部门步调一致。

（2）对彼此承担的工作以及应提供的协助都有精确的了解。

（3）各部门的计划能随情况的变动而调整。

法约尔同时提出了以下判断企业缺乏协调的现象。

（1）各部门互不了解而且也不想了解其他部门；各部门在进行工作时好像

其本身的工作就是整个企业工作的目的和理由，不革新整个企业，也不关心毗邻的部门。

（2）在一个部门内部，各部门、各科室之间，各不同部门之间存在着一堵墙，互不通气，各自最关心的就是使自己的职责置于公文、命令和通告的保护之下。

（3）谁也不考虑企业整体利益，企业里没有勇于创新的精神和忘我的工作精神。

法约尔认为，解决这一问题的最好方法就是部门领导每周召开例会。召开例会的目的是根据企业工作的进展情况讲明企业发展方向，明确各部门之间应有的协作，利用领导们出席会议的机会来解决共同关心的各种问题。通常，例会不涉及制定企业的行动计划，会议要有利于领导们根据事态发展情况来完成这个计划；每次会议只涉及一个短期内的活动，一般是一周时间，在这一周内，要保证各部门之间的行动协调一致。

部门领导会议是协调工作不可或缺的方法。如果没有它，那么任务完成得不好的可能性就大，但有了它并不是正常工作的绝对保证，还需要领导懂得很好地使用这一方法。能够使用各种工作方法是一种艺术，是管理人员应该具有的才能之一。

### （五）控制

控制，就是要证实一下各项工作是否都与已定计划相符合，是否与下达的指标及已定规则相符合（其实，法约尔所说的控制就是核查）。

法约尔认为，控制的目的在于指出工作中的缺点和错误，以便纠正并避免重犯。对物、对人、对计划都可以进行控制。从管理的角度来看，应确保企业有计划并且确实执行，更要及时地加以修正。

法约尔认为，当某些控制工作显得太多、太复杂，涉及面太广大，不宜由部门的一般人员来承担时，就应该让一些专业人员来做，即专门的检查员、监督员或专门的监督机构。最好做到不管做什么工作都能够回答以下问题：“怎样进行控制呢？”由于控制作用于各种性质的工作和各级工作人员，因此有许多不同的方法。像管理的计划、组织、指挥和协调一样，控制这一要素在执行时总是需要有持久的专心工作精神和较高的艺术性的。

## 四、法约尔提出的管理的一般原则

“管理原则”的概念经常被误解和引起争论。法约尔所说的“管理原则”的概念不像人们所想象的关于物理学中的定义或法则那样死板。法约尔认为“在管理方面，没有什么死板和绝对的东西，这里全部是尺度问题”，在使用管理原则时“应当注意到各种可变的条件，同样也注意到人的不同，并注意许多其他可变因素”。所以，可以认为，法约尔当时已经意识到管理的适用性、适用条件，甚至适用边界等方面的内容。

法约尔认为他经常使用的管理原则有十四条。

### （一）劳动分工原则

法约尔认为，劳动分工属于自然规律。劳动分工不仅只适用于技术工作，而且适用于群体中存在职能分工的工作。分工的结果是职能专业化和权力分散。但是，法约尔又认为：“劳动分工有一定的限度，经验与尺度感告诉我们不应超越这些限度。”

法约尔提出的的确只是原则，只具有指导意义。例如，这里提到的劳动分工的度，度在哪里？如何判断？如何操作？这些并没有进一步论述。

### （二）权力与责任原则

法约尔认为，权力就是指挥和服从的权利。责任是权力的生物，是权力的当然结果和必要补充。有权力的地方，就有责任。这就是著名的权力与责任相符的原则。法约尔认为，要贯彻权力与责任相符的原则，就应该有有效的奖励和惩罚制度，即“应该鼓励有益的行动而制止与其相反的行动”。实际上，这就是现在有些人讲的权、责、利相结合的原则。

法约尔还提到制止权力滥用，但法约尔没有提出如何有效限制权力滥用的方法与措施。

### （三）纪律原则

法约尔认为纪律应包括两个方面，即企业与下属人员之间的协定和人们对这个协定的态度及其对协定遵守的情况。

法约尔对纪律的展开有以下四点：①协定决定了纪律的形式；②为使企业顺利发展，纪律（协定以及协定的遵守）是绝对必要的；③制定出对企业所有人员有约束力的协定是企业领导人主要关心的事情之一；④纪律就是对协定的尊重，所有人都必须接受纪律的约束。

法约尔进一步思考了维持纪律的方法（好的领导、明确而公平的协定、合理的奖惩），但对于高层领导如果违反纪律（破坏协定、不遵守协定）该如何处理并没有谈及。

## （四）统一指挥原则

一名员工在任何活动中只应接受一位上级的命令，它是一项普遍的、永久必要的准则。法约尔论述了在实际企业管理中双重领导、双重指挥的破坏作用。造成双重领导与双重指挥的情况有以下四种：

（1）希望被更好地了解，或为了争取时间，越级指挥。

（2）两人有同样的下属，对同样的下属有同样的职权。

（3）职责不清。

（4）职权不清，职务关系错综复杂。

对于后面的三种情况，法约尔给出理顺关系、明确职责、界定职权等解决思路，但对于越级指挥，并没有给出如何避免这个情况的方法；在时间紧迫的时候（什么情况算时间紧迫），是否需要越级指挥也没有提及。当然，如何理顺关系，职责如何明确，职权如何限定或界定，等等，都是重要的管理学命题。

## （五）统一领导原则

统一领导原则是指："对于力求达到同一目的的全部活动，只能有一个领导人和一项计划。"

统一领导原则讲的是，一个下级只能有一个直接上级。它与统一指挥原则不同，统一指挥原则讲的是，一个下级只能接受一个上级的指令。这两个原则之间既有区别又有联系。统一领导原则讲的是组织机构的设置问题，即在设置组织机构的时候，一个下级不能有两个直接上级。而统一指挥原则讲的是组织机构设置以后运转的问题，即当组织机构建立起来以后，在运转的过程中，一个下级不能同时接受两个上级的指令。

在这里，法约尔提到了"一项计划"，也就是说，无论是统一领导还是统一指挥，"上级"可以是虚的，并非一定存在真实的上级。例如，在当时的战场，军号就是唯一的指令，不同的军号声音代表着冲锋、撤退、分散、集合等。统一的计划，也许高于任何人。其实，只有在最高管理者之上存在着"组织目标"或

"共同的原则"，才有可能"统一"。

### （六）个人利益服从整体利益的原则

对于这个原则，法约尔认为这是人们都十分明白的原则，但是，往往无知、贪婪、自私、懒惰以及人类的一切冲动总是使人为了个人利益而忘掉整体利益。为了能坚持这个原则，法约尔认为，成功的办法是①领导人的坚定性和好的榜样；②尽可能签订公平的协定；③认真监督。

这条原则在法约尔看来"是不需要前提"的原则。事实上，一旦个人利益服从整体利益，那么就存在有人用整体利益来"压榨"他人个人利益的可能。个人利益与整体利益共同实现，甚至整体利益有利于个人利益的实现，才是合理的。

法约尔所认为的成功方法，实际上很难成功。第一点就不可行，把事情建立在领导人的道德修养上，无异于与虎谋皮。法约尔没有论述如何使最高层的管理者的个人利益服从整体利益，他可能假定最高层的管理者都是"圣人"。按照法约尔的思路，第三点"认真监督"也是不可行的。关键的监督是要监督高层人的行为，这个监督没有落实，其他的监督都只是小部分。透明化是监督的基础。良好的监督机制与监督的独立性，也是法约尔没有提及的。监督机制也是管理的重要命题。

### （七）人员报酬原则

法约尔认为，人员报酬首先"取决于不受雇主的意愿和所属人员的才能影响的一些情况，如生活费用的高低、可雇人员的多少、业务的一般状况、企业的经济地位等，然后再看人员的才能，最后看采用的报酬方式"。

对于各种报酬方式，法约尔认为不管采用哪种报酬方式，都应该做到以下几点：①它必须能保证报酬公平；②它能奖励足够的努力和激发热情；③它不应导致超过合理限度的过多的报酬。法约尔论述了报酬的方式：①计时、计件、按工作任务付款；②奖金；③分红；④实物津贴—福利设施—荣誉满足。关于这些论述，请参考法约尔的原著，以及思考法约尔所处时代的背景。

法约尔的报酬论述，主要是针对员工的，并没有涉及资方与劳方的高层管理者。

### （八）集中原则

法约尔的集中原则指的是组织权力的集中与分散的问题。法约尔认为，集中或分散的问题是一个简单的尺度问题，问题在于如何找到适合于该企业的最适度。在小型企业，可以由上级领导者直接把命令传达到下层人员，所以权力相对比较集中；而在大型企业，在高层领导者与基层人员之间，还有许多中间环节，因此权力就比较分散。

按照法约尔的观点，影响一个企业权力集中还是分散的因素有两个：一个是领导者的权力；另一个是领导者对提高下级人员积极性的态度。“如果领导人的才能、精力、智慧、经验、理解速度……允许他扩大活动范围，他就可以大大加强权力集中，把其助手作用降低为普通执行人的作用。相反，如果他愿意一方面保留全面领导的特权，一方面更多地采用协作者的经验、意见和建议，那么可以实行广泛的权力分散”，“所提高部下作用的重要性的做法就是分散，降低这种作用的重要性的做法则是集中”。

### （九）等级制度原则

等级制度就是从最高权力机构直到底层管理人员的领导系列。它是一条权力线，是贯彻执行统一的命令和保证信息传递的秩序。依据这条路线来传递信息，对于各层统一指挥是非常重要的。

“等级链”进行信息传递，并不是最迅速的途径，甚至是以牺牲效率为代价的。法约尔提出了“桥”的概念，认为可以在不同部门的同一层级间铺设一块跳板，以达到保证效率的目的，这就是所谓的“法约尔桥”或“法约尔跳板”的概念。从组织的角度看，这属于“授权”的过程。

有关信息链，实际上不能用“等级”这个词来形容，而应该用“层级”。即使是指令，其实也不是等级制度。例如，信号灯、军号等都是指令，计划也属于指令，但都不是等级。等级制度在现实中虽然还存在着，但现在毕竟与法约尔时代不同了，所以，现在应该是层级制度原则。

### （十）秩序原则

法约尔所指的秩序原则包括物品的秩序原则和人的社会秩序原则。

对于物品的秩序原则，他认为，每一件物品都有一个最适合它存放的地方，坚持物品的秩序原则就是要使每一件物品都在它应该放的地方，贯彻物品的秩序原则就是要使每件物品都在它应该放的位置上。

对于人的社会秩序原则，他认为，贯彻社会秩序原则就是要确定最适合每个人能力发挥的工作岗位，然后使每个人都能在最能使其能力得到发挥的岗位上工作。为了能贯彻社会的秩序原则，法约尔认为首先要对企业的社会需要与资源有确切的了解，并保持两者之间的平衡；同时，要注意消除任人唯亲、偏爱徇私、野心奢望和无知等弊病。

### （十一）公平原则

法约尔把“公平”与“公道”区分开来。他说：“公道是实现已订立的协定。但这些协定不能什么都预测到，要经常地说明，补充其不足之处。为了鼓励其所属人员能全心全意和无限忠诚地履行他的职责，应该以善意来对待他。公平就是由善意与公道产生的。”

也就是说，贯彻“公道”原则就是要按已订立的协定办。但是在未来的执行过程中，可能会因为各种因素的变化使得原来制定的“公道”的协定变成“不公道”的协定，这样一来，即使严格地贯彻“公道”原则，也会使职工的努力得不到公平的对待，从而不能充分地调动职工的劳动积极性。因此，在管理中要贯彻“公平”原则。所谓“公平”原则就是“公道”原则加上善意地对待职工。也就是说在贯彻“公道”原则的基础上，还要根据实际情况对职工的劳动表现进行“善意”的评价。当然，在贯彻“公平”原则时，还要求管理者不能“忽视任何原则，忘掉总体利益”。

### （十二）人员的稳定原则

法约尔认为，一个人要适应他的新职位，并做到能很好地完成他的工作，这需要时间，还需要他具备必要的能力。

“然而，人员的变动是不可避免的”，“像其他所有的原则一样，稳定的原则也是一个尺度问题”。

### （十三）首创精神

法约尔认为：“想出一个计划并保证其成功是一个聪明人最大的快乐之一，这也是人类活动最有力的刺激物之一。这种发明与执行的可能性就是人们所说的首创精神。建议与执行的自主性也都属于首创精神。”法约尔认为人的自我实现需求的满足是激励人们的工作热情和工作积极性的最有力的刺激因素。对于领导者来说，“在由于对权力与纪律的尊重而造成的局限中，需要极有分寸地，并要有某种勇气来激发和支持大家的首创精神”。

### （十四）人员的团结原则

人们往往由于管理能力的不足，或者追求个人的利益等而忘记了组织的团结。

为了加强组织的团结，法约尔特别强调要注意统一指挥，要避免“分而治之”的错误做法，要避免滥用书面联系。

通过人为制造下属之间的矛盾，甚至分裂行为，再通过自己的协调去显示自己的能力、去凝聚“自己的人”，此所谓“分而治之”。“分而治之”是攻克敌人的妙计，却是管理下属的毒药。对于因为过分的“竞争”而形成的“嫉妒”，进而破坏组织协调的人和行为必须要给予明确的制止。

法约尔认为，在处理一个业务问题时，当面口述要比书面叙述快，并且简单得多。另外，一些冲突、误会可以在交谈中得到解决。“由此得出，每当交谈时，应直接联系，这样更迅速、更清楚，并且更融洽”。法约尔不会想到百年之后的人们，虽然“书面”形式的联系少多了，但是电子邮件、即时通信工具等方式的沟通形式却泛滥成灾。当我们放弃了面对面沟通，实际上就是放弃了表情、手势等肢体语言方式的交流，就放弃了很多语气方面的交流，因此造成许多的矛盾、不和谐、误解。

法约尔以下面的这些话作为这一部分的结束：“没有原则，人们就处于黑暗和混乱之中；没有经验与尺度，即使有最好的原则，人们仍将处于困惑不安之中。原则是灯塔，它使人辨明方向，它只能为那些知道通往自己目的地道路的人所利用。”

法约尔的理论，是以整体的执行有效性为出发点的。也就是说，管理的第二块基石是整体执行有效性。整体执行有效性，也就是整体的业绩、整体表现。管理者水平高低的唯一评判，就是整体绩效情况。

对于法约尔所提出的一般管理，最后再次提一下，法约尔所处的“稳定连续的经营环境”“总经理这个角度”以及“企业经营”是我们理解一般管理的重要前提。对于企业而言，是否符合当时工业分工的一般性？对于非企业形态的组织，一般管理是否适合？对于后工业化时代的组织，这个一般管理是否还适合？这些都是应该考虑的问题。

特别提示：很多的管理理论中，“稳定连续的经营环境”都是理论的一个假设。

# 第二节　行政组织理论

马克斯·韦伯（1864—1920）同法约尔和泰勒是同时代的人。韦伯出生在德国一个有着广泛社会和政治联系的富裕家庭，对社会学、宗教、经济学和政治学都有着广泛的兴趣。他的代表作有《新教伦理和资本主义精神》《经济与社会》等。

韦伯提出了行政组织理论（有时译为“行政集权理论”或“官僚集权理论”）。“官僚集权”的意思是指通过官职或职位而不是个人或“世袭”来进行管理。“官僚组织发展的根本原因，在于它在专业知识方面优于其他任何形式的组织”。官僚集权被韦伯认为是理想的组织结构，韦伯因此被称为“组织理论之父”。

## 一、理想的组织形态

在韦伯理想的行政组织理论中，他主要阐述了三个方面的内容：理想的组织形态；理想组织形态的管理制度；理想组织形态的组织结构。

韦伯认为，任何组织都必须以某种形式的权力作为基础。韦伯对组织理论的贡献主要在于他的权威结构理论。这一理论使他得以根据组织内部的权威关系，揭示出不同的组织所具有的特性。而这些都起源于一个基本问题，即个人为什么会服从命令，人们为什么会按他们被告知的去那样行事？为了阐述这一问题，韦伯对权力和权威做了区分。韦伯指出，权力是无视人们反对，强迫人们服从的能力；而权威则意味着人们在接受命令时是出于自愿的。可见，在权威制度下，下级把上级发布的命令看作是合法的。正是根据这种权威合法化的方式，韦伯对不同类型的组织进行了区分。他描述了三种完全不同的组织形态，并分别把它们称为“神秘化的组织”“传统的组织”和“合理化—法律化的组织”，每一种组织形态都意味着其独特的管理机构或管理体制。当然，在现实生活中，任何组织都可以是三种组织形态的结合；然而，对于分析组织来说，区分三种完全不同的组织形态还是十分有益的。

### （一）神秘化的组织

第一种组织形态行使权威的方式是基于领导者个人的人格。韦伯用“超凡魅力”一词来说明领袖人格的特性。借助于这一特性，领袖被赋予了超自然、超人的权力，或起码具有非同一般的权力或才能的神秘化人物。在韦伯看来，先知、救世主、政治领袖就属于这类神秘化的人物。典型的神秘化的组织是以宗教或政治集团形式出现的。由于领导的权威仅仅是靠领导者个人的人格，组织成员对命令的服从仅仅基于领导者个人的煽动力，因此，这种组织的内在基础并不稳固。当领袖死后，而组织的权威必须继续时，就会产生权威的继承问题。就算是领袖本人指定了继承人，这个继承人也不一定被组织成员所接受。事实上，不可能还有一位具有和他同样的超凡魅力的领袖，可以接替他的权威和他在组织中的地位。因此，当那位对组织成员具有超凡魅力的领袖死后，组织必将失去其神秘化的形式，而变成其他两种组织中的一种。假如领袖的继承问题是通过世袭的方式来解决的，那么，“神秘化的组织”就会演变成“传统的组织”。假如领袖的继承问题是根据已有的法则来决定的，那么，“神秘化的组织”就将发展成为“官僚组织”。

韦伯在这里并没有论述神秘化组织领导人的权力（权威）来源，也没有论述这种组织是如何通过宣传（甚至是“洗脑”的方式）来扩大影响力（也就是权威）的。此外，韦伯没有深入展开对这类组织管理的研究，但依然强调了权力和权威对于这类组织的重要性。

### （二）传统的组织

在传统的组织中，命令和权威的基础是先例和惯例。从前经常发生的事情被看作是神圣的东西，并由此确定了各种团体的权力和期望。因此，在这种组织中，习惯成了伟大的仲裁者；领袖由于他在组织中所继承得来的地位拥有了权威，而权威的内容则是根据习惯来确定的。当“神秘化的组织”通过世袭的方式，使那个具有超凡魅力的领袖的权力得到继承时，原领袖的那种超凡的魅力或神授的能力便成为组织的惯例而固定了下来。这时，新领袖的权威就不再是该领袖的人格在起作用，而是该领袖担当的角色在起作用了。在传统的权威制度下，存在着两种组织形式，它们是“世袭制”和“封建制”。在实行“世袭制”的组织中，官员只是领袖个人的奴仆，并从领袖那里获取他们的报酬。而在采取“封建制”的组织中，官员们则拥有自己的收入来源，并对领袖保持着一种传统上的忠诚态度，因此，他们比“世袭制”组织的官员享有更多的自主权。

当公司在“世袭制”的基础上建立和发展起来的时候，总经理的职位就常常从父亲那里传到儿子的手中。而在挑选和任命公司的管理人员时，公司所依据的原则很可能就是候选人的血缘关系，而非候选人的专业知识。同样，在许多的组织中，组织并不是在理性分析的基础上来考虑组织所采取的工作方式是否合适，而只是根据组织从前总是采用的那种工作方式去看待目前采用的工作方式正确与否，因为这些组织认为过去常常采用的那种工作方式本身就是合理的。

### （三）合理化—法律化的组织

“合理化”这一概念，引出了韦伯关于权威制度的第三种组织形态——“合理化—法律化”的组织形态。这种组织是以官僚组织的形式出现的，而韦伯则把它看作是现代社会中占主导地位的权威制度。这一关于组织的权威制度之所以被称为合理化的制度，是因为它被当作专门用来实现某些既定目标的手段，即这种组织好像是一架精心设计的机器，意在执行某些功能；而机器上的每一个部件都为机器发挥最大的功能起着它们各自的作用。

同时，关于组织的权威制度又被称为法律化的制度，因为在此类组织中有着一系列的规则和程序，一定的时候，在组织中担负着一定职务的组织成员必须依据相应的规则和程序去行使他的权利。韦伯用“官僚制度”一词来称呼这种组织。当然，习惯上“官僚制度”是低效率的同义词，它所强调的是该制度下产生烦琐的公事程序、拖拉的工作作风，以及泛滥成灾的各种公文和会议记录，特别是，人们常常把它和低效率的公共行政管理等同起来。然而，韦伯所说的“官僚制度”却有着截然不同的含义。韦伯认为，从纯技术的观点看，“官僚制度”是效率最高的组织形式。“精确性、工作的速度、任务的明确性、对文件的熟悉程度、活动的连续性、权限的划分、指挥的统一、严格的上下级关系、人员摩擦的控制，以及在物质和人员方面的成本的减少，这一切在严格的官僚机构中将达到最佳状态”。

“合理化—法律化”的组织形态是建立在法理、理性基础上的最有效率的组织形态，也是韦伯所极力推崇的组织形态。

## 二、理想组织形态的管理制度

韦伯对理想组织的管理制度进行了一系列的构思，提出了十条准则。

（1）组织中的官员在人身方面是自由的，只有在官方职责方面从属于上级。

（2）官员们按职务的等级序列组织起来。

（3）每一职务均有明确的职权范围。

（4）职务通过自由契约关系来承担。

（5）官员凭借技术资格从候选人中选出。

（6）官员们有固定的薪金报酬，并享有养老金。

（7）这一职务是任职者唯一的或主要的工作。

（8）职务已形成一种职业，有较完善的法理化的升迁制度。

（9）官员没有组织财产的所有权，并且不能滥用职权。

（10）官员在职时，受严格而系统的纪律约束和监督。

## 三、理想组织形态的组织结构

在理想的行政集权理论中，韦伯把理想的组织形态，即合理化—法律化组织的组织结构分为三个层次：最高领导层、行政官员（中层管理者）、一般工作人员。最高领导层负责组织的重大决策；行政官员贯彻上级重大决策并拟订实施方案，将下层意见反馈给上层；一般工作人员依据上级的指示，从事实际工作。

韦伯的行政集权制理论，反映了当时德国从封建主义向资本主义过渡的要求。他总结了大型组织中的实践经验，为当时德国的发展提供了一种稳定、严密、高效、合乎理性的管理体系理论；同时，也为管理理论的创新做出了贡献。

当然，理想的行政集权理论并不是十全十美的，也不如韦伯所称的那么理想，其中的缺陷还是很突出的。有人对其理论提出质疑，如升迁制如何操作。也有人对其理论提出批评，如忽视了非正式组织的存在等。韦伯所设想的组织结构，可以认为是“所谓理想”的科层制。社会网络的仿真研究得出：科层制对于合作秩序而言是很难扩展的；极端的科层社会中合作秩序几乎是无法扩展或生存的，最终导致的将是崩溃。

很多的教科书都把韦伯的行政组织理论当作管理学的第三块基石，但是，仔细分析后就会发现其是不成立的，第三块基石应该是“分工结构的有效性”。探讨“什么样的分工结构在具体情形下更为有效”，这才属于管理。

泰勒的科学管理、法约尔的一般管理、韦伯的行政组织理论，虽然内容各有不同，研究方法也不同，但它们有两个共同的特点：一是把组织中的人当作“机器”来看待，忽视人的因素及人的需要、行为，所以也有人称这些管理理论中的组织是“无人的组织”；二是都没有看到组织与外部的联系，关注的只是组织内部的问题，因此是一种“封闭系统”的管理时代。由于这些共同的局限性，这三大管理理论被统称为“古典的”管理思想。

## 第三节　古典管理思想和行为管理思想的桥梁

切斯特·I. 巴纳德是一位在学术界担任过职务的组织社会学家，他的思想在古典管理思想和行为管理思想之间架设了一座桥梁。1938 年，巴纳德在其出版的《经理人员的职能》一书中进行了对组织活动的描述、组织有关人员之间的社会关系和私人关系的描述。从个人必须协作这一基本的假定出发，巴纳德开始了他的分析。巴纳德认为，每个人都只有有限的选择权。这是因为，作为个人，他一方面受他所处的活动环境的限制，另一方面受人的生物性质的限制，而克服个人局限性的最有效的方法就是采取相互合作的社会活动。这就要求个人采取集体的或非个人的意志，并考虑到人与人相互之间交往的过程。协作的维持，有赖于组织在实现协作目的时的效力，以及满足个人需求时的效率。

### 一、非正式组织

巴纳德把正式的组织定义为一个“将两个或多于两个人的力量和活动加以有意识协调的系统”。这一定义能应用到国家、教会、工厂、家庭等一切形式的组织中去。在巴纳德看来，当具备某些基本的要素时，就意味着一个组织开始存在。这些基本的要素是：①存在着进行相互沟通的人；②这些人愿意为集体的利益贡献自己的力量；③这些人为实现共同的目标而努力。这里，愿意为集体的利益贡献自己的力量意味着个人为实现组织内部的协调接受了组织对个人行为的控制和调节。

巴纳德把非正式组织定义为“不属于正式组织的一部分，其不与它管辖的个人以及有关的人们、集团接触和相互作用”。非正式集团没有正式的结构，而且常常不能自觉地认识到共同的目的，而是通过同工作有关的接触而产生的，并因而确立了一定的态度、习惯和规范。非正式组织常常为正式组织创造条件，反之亦然。巴纳德发现，非正式组织起着三种作用：①信息交流；②通过对协作意愿的调节，维持正式组织内部的团结；③维护个人品德和自尊心的感觉。非正式组织使组织更有效率和效力。

## 二、权威接受理论

巴纳德最不寻常的思想之一是他的权威接受理论。他把权威定义为“一个正式组织中一种信息交流（命令）的性质，它被组织的‘成员’或贡献者所接受，来控制自己做出贡献的行动”。按照这个定义，权威的含义有两个方面：个人主观上承认这种信息交流是权威性的；“在信息交流中被接受的”客观的、正式的“性质”。在巴纳德的理论中，权威的来源不在于“权威者”或发命令的人，而在于下级接受或不接受这个权威。如果下级不服从这个命令，他们就不承认这个权威。

巴纳德认为，权威必须得到个人认可，而要做到这一点必须满足四个条件：①个人能够明了所传达的命令；②他们认为，这个命令同他们做决定时组织的目标是一致的；③他们认为，整体来说，这个命令同他们的个人利益是一致的；④他们在精神上和体力上能遵守这个命令。

## 三、无差别区

为了解释一个组织怎样在这种独特的权威概念下进行工作，巴纳德提出了“无差别区”的概念。在这个无差别区中，每个人不允许提出有关权威的问题而必须接受命令。这个无差别区可大可小，这取决于个人提供的诱因超过其负担或牺牲的程度。例如，假设下级认为这个命令同他的个人道德规范相违背，他就必须违背自己的个人价值系统而留在这个组织内。并不是所有的情况都具有这种明确性的。巴纳德承认存在着许多可能的分界线，但个人在做出决策时必须在诱因同牺牲之间进行权衡。一些组织事先就加入该组织规定了一些“比赛规则”，这无疑会将无差别区扩大。

## 四、经理人员的职能

在巴纳德的分析中，经理人员在一个信息交流系统中是相互联系的中心，并致力于获得协作努力所必需的协调。巴纳德认为，经理人员的工作不是组织的工作，而是维持组织运转的一种特殊的工作。……经理人员的职能在于维持一个协作努力的系统。这些职能是非人称性的。这些职能不是通常所讲的对一群人进行管理。

巴纳德认为，经理人员的职能类似于大脑和神经系统对其他部分的作用。

它对某些动作进行指挥，以使身体系统更有效地适应环境，从而维持身体系统，但很难说它是在管理身体。身体的职能有一大部分是独立于它的，却为它所依靠。

巴纳德提出了经理人员的三项职能：①提供一个信息交流系统；②获得必要的个人努力；③制定和规定目的。作为经理人员职能的特点，巴纳德提出了一种“经理人员程序”，即“对整个组织及与之有关的全部形势的领悟”。这是一种管理的“艺术”，是内部平衡及对外部条件适应的全部综合，即管理者必须审视环境，然后调整组织以保持与环境之间的平衡。不管一个组织的生产多么有效率，如果管理者不能确保材料和资源的连续投入，或不能为其产出找到市场，则组织的生存就会受到威胁。

巴纳德认为，领导者必须有某种道德规范，表现出承担责任的能力，能够在别人身上创造出一种道德力量。“领导者的能力，主要不是通过他们自身的态度、理想和希望反映出来的；经理人员的责任就在于依靠这种能力，把人们的意志和干劲引向实现或超越最近时期和即期任务的目标”。只有专职、有道德的领导才能提高组织的效力和给组织成员的福利。

以上内容是对巴纳德的论述的简要介绍。毕竟，巴纳德的论述有其时代背景，对于管理者的希冀和要求，在每个时代背景下都是不一样的。了解与理解前人的一些说法，将有助于我们更好地理解管理。

# 第三章　定量管理及现代管理思想

## 第一节　定量管理理论

定量管理思想是在第二次世界大战中发展起来的。英国和美国的军队为了解决战争中的一些问题，建立了由各种专家组成的运筹研究小组，取得了巨大的成功。战后，这些运筹小组进入工商企业，并用这些思想和方法使得一些企业取得了很大的成功，使得定量研究方法在企业管理中得到了迅速发展。

定量管理思想主要包括三个分支：管理科学、作业管理和计算机在管理中的运用。其中，管理科学也称运筹学，它的目的是通过具体的数学模型和统计模型的应用来提高决策的有效性。作业管理也称运作管理，包括库存管理、工作安排、计划编制、设备安装和设计、质量控制等方面，常用到预测技术、库存分析、物资供应系统、网络图、质量控制技术和项目计划评审技术等量化方法。第三个分支主要指用计算机建立管理信息系统，通过这种系统可把原始资料转化为各个层次的管理者决策所需要的信息。计算机信息技术的优越性使得管理者可以通过管理信息系统快速了解情况、分析对策，从而大大提高管理效率。

### 一、定量管理思想的特征

定量管理思想的核心是把数学、统计学和计算机用于管理决策和提高组织效率，主要有以下四个特征。

（1）以决策为主要的着眼点，认为管理就是决策，给定各种决策分析模型。

（2）以经济的效果作为评价管理行为的依据，为此建立诸如量、本、利等模型，以讨论行为的结果及变化。

（3）依靠正规的数学模型。这些模型实际上是以数学形式表达的解决问题的可行办法，为此，建立合适的模型就成为管理行为可行性的前提。

（4）依靠计算机运算，以便通过复杂的数学方程式得出定量的结论。

定量方法最直接的贡献是在管理决策方面，特别是计划与控制决策方面。不过，绝不是要贬低定量方法的贡献，但应当注意的是，定量方法从来没有达到像行为管理思想对管理实践的那种影响程度。这无疑是多种因素造成的：许多管理者不熟悉数量工具；行为问题涉及面太广而又很直观；在绝大多数情况下可以直接了解组织中现实的、每天发生的问题，诸如激励下级和减少冲突等，而无须借助建立定量模型这种更抽象的活动。定量方法的缺点来自“量化陷阱”。

## 二、定量管理的主要模型

### （一）决策模型

模型目标是要使制定决策的过程减少艺术成分而增加科学成分。决策理论的集中点在于对所有决策通用的某些组成部分提供一个系统结构，以便决策者能够更好地分析那种含有多种方案和可能后果的复杂情况。这类模型是规范性的，并含有各种随机的变量。

### （二）盈亏平衡分析模型

这一模型主要帮助确定一个公司的任何特定产品的生产量与成本、售价之间的关系，得到一个确定的盈亏平衡点，在这个水平上总收入恰好等于总成本，没有盈亏。

### （三）库存模型

这一模型可以回答库存有多少、什么时候该进货与发货这些问题。因此，这一模型就必须考虑库存适合生产与销售的需求，同时又要考虑减少仓储费用。

### （四）资源配置模型

这里的资源主要指自然资源和实物资源。常用的资源配置模型就是线性规划模型，在给定边界约束条件的情况下，考虑产出、利润最大，或者成本最小。

### （五）网络模型

两种主要的和最流行的网络模型类型就是PERT（计划评审技术）和CPM（关键路线法）。前者是计划和控制非重复性工程项目的一种方法；后者适用于那些有过去的成本数据可查的项目。

### （六）排队模型

在生产过程中，员工们排队等待领取所需的工具或原料所花费的时间是要计入成本的。在给顾客服务的过程中，如果顾客们需要排队等候很长时间，就会使顾客失去耐心一走了之；但如果开设很多服务台或售货柜却很少有人光顾，则又会导致成本提高。排队模型试图解决这个问题，可以找到一个最优解。

### （七）模拟模型

模拟是指具有与某种事物相同的外表和形式，但不是这种真的事物。由于真实事物所具有的复杂性，以及对其管理作用的不可重复性，为了得到预计成果，就有必要建立模拟的模型，在此模型上探讨最佳行动方案或政策，以便最后能用于实际的操作之中。

## 三、定量管理举例

关于定量管理，其实是一种思维的数字体现，而这种思维往往与统计、预测、决策等相关。下面就举几个简单的例子，便于大家对定量管理思维的理解。

### （一）学校开办女生饰品店

一名学生到义乌批发市场参观后，发现饰品批发价格很便宜，就想在学校里开办一家饰品店。开还是不开呢?

根据定量管理，首先要确定以下数据：批发价与零售价的价差（例如，批发价是 10 元，零售价是 30 元）、零售方式的成本（租房方式的房租、在宿舍卖的货架成本、摆地摊的地摊成本）、是否雇用人员（如果雇用人员当然必须考虑成本）。除了以上这三类数据，还必须有调查数据，而这是最重要的数据：每名女生一年在饰品方面的平均消费额，这个平均消费额乘以在校女生的数量就是整个校园的“女生饰品市场的容量”；调查确定了市场容量，还要预测确定“可能的市场份额”，也就说在学校内没有女生饰品店时，必须要预测一年的饰品消费额是在学校时消费的，还是假期在家中消费的；还要确定在学校时消费的比例（也就是在校内消费份额与到校外消费份额的可能比例），那么就可以将市场份额定量化了。然后根据自己所占的市场份额，计算定量毛利润。

上面的例子是定量思维的一个体现。

当然，还要考虑定性的问题，例如各种零售方式的可行性，时间付出，这种锻炼与学习之间的冲突与协调，等等。

### （二）开办一家少儿阅读交友俱乐部

这个同样涉及大量的定量管理思维。第一是定位，不论场地位置、面积、装修等都涉及资金；第二是图书、玩具等涉及资金；第三，人员，涉及时间与资金；第四，预测市场容量（当前以及未来）以及市场份额，这个按照数字计算和按照金钱计算会不同，不同的收费标准将导致参与的人数可能不一样。

当然，还要考虑时间、精力付出，坚持的时间长度。在一个人刚开始创业时，不可能把所有的事情都考虑清楚，但在能进行调查调研取得数据的情况下，一定要先调查调研取得数据。太多的顾虑会一事无成，太过莽撞将会鼻青脸肿。如果合伙的话，那将是另一回事，彼此时间、精力的付出与坚持时间长短也许更重要，意外的小事也可能会导致分崩离析。

将现实条件（特别是约束条件）量化，然后用数字进行推理，是定量管理的一种理解。

### （三）定量思维的测试题目

一些组织在招聘管理储备人员时，在正规的测试中往往有各种思维和能力方面的测试，其中，对于定量思维的测试就是其中之一。从下面这个例子中，大家可以感悟一下，了解并掌握定量管理的必要性。

某个企业有这样一道测试题目：我们是否可以在 A 城市开办汽车加油站？A 城市一般是指测试地点所在的城市。

这道题目回答可以还是不可以，都不是关键，关键是答案是怎么得出来的。也许很多人会说，这道题目没有具体的数字，怎么回答呢？这道题目测试的就是定量思维，无须数字。有定量思维的人，必然会对数字进行假定，现实中只需要将假定的各个数字通过调查等方式核实更正即可。

## 第二节　现代管理思想

如同技术的日新月异，企业等组织也发生了很大的变化。管理的目的发生了变化，管理的方式也与以往大不相同，新的管理思想也随之形成。现代管理思想主要包括系统管理理论、权变管理理论和过程管理理论等。

## 一、系统管理理论

系统的观念早就存在了。早在20世纪初期，心理学家和社会学家们在行为学理论中就开始提出有机化的观点。但现代系统观念在思考方法或称为系统方法的哲学方面与过去存在着显著的差别。我们前面介绍过的巴纳德是系统理论的主要代表人物，在其著作《经理人员的职能》中，从社会组织系统的角度分析了经理人员的职责和任务，探讨了组织形成的原因、正式组织与非正式组织之间的关系等。

系统理论把系统定义为相互依赖的各部分以一定的形式组合而成的一个整体。每一个系统都包括四个方面：①从周围的环境中获得这个系统所需要的信息；②通过技术和管理过程促进输入物的转化；③向环境提供产品或劳务；④环境对组织所提供的产品或劳务提出反馈。

系统理论认为，组织是一个系统，是由相互依存的众多因素所组成的。局部最优不等于整体最优，管理人员的作用就是确保组织中各部分之间相互协调，以实现组织的整体目标。

系统理论还认为，组织是一个开放的系统。按照系统论的观点，系统有两种基本类型，一种是封闭性系统，另一种是开放性系统。封闭性系统不受环境的影响，也不与环境发生关系。科学管理思想把组织看作机器，把管理者看作工程师的观点，基本上就是把组织看作一个封闭性系统。而现代的组织理论认为，组织是一个开放性系统，即组织是一个和周围环境相互影响、相互作用的系统，组织与环境之间存在着相互作用。所以，组织的成败，往往取决于其管理者能否及时察觉环境的变化，并适时做出正确的反应。没有一个组织能够在无视政府的法令、供应商关系或大量的顾客的情况下长期生存下去。

## 二、权变管理理论

权变理论是20世纪70年代才出现的一种管理理论。以前的管理研究倾向于寻找普遍适用的最佳方法，而权变理论则认为，组织的管理应根据其所处的内外部环境的变化而变化，世界上没有一成不变的、普遍适用的“最佳的”管理理论和方法。正如汤·伯恩斯所讲：“人们的管理知识开始于他认识到没有最有效率的管理制度。”

早期的理论贡献者，如泰勒、法约尔和韦伯，建立了一些管理原则和组织理论。但后来的研究发现，现实中存在许多不符合原则的例外现象。例如，劳动分工无疑在许多情况下是有价值的，但工作也可能会变得太专业化了。官僚行政组织（科层制）听起来似乎有效，但在大多数情况下，其他的组织结构形式效率会更高。允许员工参与决策制定有时是有效的领导方式，但并非所有的时候都有效，不少情况下领导应当专断地做出决策，然后告诉员工应该怎么做。

尽管没有普遍适用的管理方法和管理理论，管理研究还是试图辨别出那些起决定作用的变量。

组织规模——组织的人员数量对管理者的工作起着主要影响作用，当组织规模扩展时，协调的问题也随之增多。例如，适合于 5 万名员工的组织结构类型，很可能对只有 50 名员工的组织来说是低效率的。

任务技术的例常性——组织为了实现自己的目标，需要采用技术，就是说，要进行将输入转化为输出的过程。例常性技术所要求的组织结构、领导风格和控制系统，不同于用户定制化和非例常性技术的要求。

环境的不确定性——由于政治、技术、社会文化和经济变化的不确定性程度会影响管理过程，在稳定和可预见的环境下做得很好的工作，也许完全不适合变化迅速的和不可预见的环境。

个人差异——个人在成长、自主、承受模糊性的愿望方面是不同的，这些还有其他一些个人差异对于管理者选择激励方法、领导风格和工作设计尤其重要。

也就是说，在不同情形下，应该应用适合这种情境的管理方式，即权变管理。权变，不是变通。权变理论是在具体的情境之下，存在着最适合这个情境管理方式。也就是说，某个情境匹配某种管理方式是有一定规律的，而不是想怎么样就怎么样地变通。

### （一）菲德勒权变管理模型

菲德勒所提出的权变管理理论被视为较完整的情境领导理论，并受到许多人的肯定和认同。菲德勒认为，并不存在一种普遍适用各种情境的领导模式，然而在不同的情况下都可以找到一种与特定情境相适应的有效领导模式。他提出了一个“有效领导的权变模型”，其中包含了两种基本领导风格和三种情境因素，其中，三种情境因素又可以分别组成八个明显不同的情境。

菲德勒确认了两种领导风格：一种为任务导向型，另一种为关系导向型。他还认为，领导行为方式是领导人个性的反映，基本上不大会改变。所以，一个领导人的领导风格究竟是任务导向型的还是关系导向型的，是基本可以确定的。

菲德勒认为影响领导效果的“情境因素”有三个，即领导者与被领导者的关系、工作任务的结构与领导人所拥有的固有权力。

1. **上下级关系**

上下级关系是指领导者和其工作群体间的关系性质。假如双方是高度信任、互相尊重、互相支持和友好的，则相互关系是好的；反之，关系则是差的。

2. **任务结构**

任务结构是指群体工作任务规定的明确程度。当任务是例行性的、明确和容易理解的，以及有章可循的，则任务结构属于明确的或高的；反之，任务结构是复杂而又无先例的，以及没有标准程序的，或是含糊不清的，属于不明确的或低的任务结构。

3. **职位权力**

职位权力是指赋予领导人的与职位相关联的权力。如果该领导对下属员工的工作分配、奖励及职务升降有决定权的话，其职位权力是强的；反之，职位权力则弱。

根据菲德勒的观点，由于领导行为是和该领导的个性相联系的，领导人的风格或领导方式基本上是固定不变的。当一个领导人的领导风格与情境不相适应时，菲德勒认为解决办法是应改变情境，使之与领导的风格相适应。总之，此模型有助于管理者认识情境因素的重要性，并努力适应自己的领导风格。

### （二）途径—目标理论

途径—目标理论是由加拿大的豪斯发展的。此理论以期望理论及领导行为四分图为依据，提出领导的主要职能是为下属成员在工作中提供获得满足需要的机会，为下属搞清楚哪些行为能导致目标的实现并获得有价值的奖励，简言之，即领导应指明达成目标的途径。

豪斯认为，“高工作”和“高关心”的组合不一定是最有效的领导方式，还需要考虑环境因素，之后提出以下四种领导行为。

1. **指示型领导行为**

让下属成员明确任务的具体要求，怎么做及安排好工作日程、决策都由领导做出。

2. 支持型领导行为

与下属成员友善相处，领导平易近人，关心下属成员的福利，公平待人。

3. 参与型领导行为

与下属成员商量，征询下属成员的建议，允许下属成员参与决策。

4. 成就导向型领导行为

提出有挑战性的目标，要求下属成员有高水平的表现，鼓励下属成员并对下属成员的能力表现出充分信心。

与菲德勒模型不同的是，途径—目标理论认为领导人的风格和行为是能改变的，并使之适应特定的情境。有时，领导人根据不同的情况可分别采取不同的领导方式。如一位新上任的项目经理，开始他可用指示型的方式，建立明确的任务结构，并明确告诉下属做些什么；随后他可采取支持型的方式来增强群体的凝聚力和形成积极的群体氛围；当项目小组成员对任务熟悉后，并遇到新问题时，其可让下属一起参与做出一些决定；最后可运用成就导向型行为来鼓励下属不断取得更高成就。

和其他领导情境理论一样，途径—目标理论提出领导的方式要适应情境因素。该理论特别关注两类因素：一类是下属成员的个人特点，另一类为工作场所的环境特点。

下属成员的个人特点主要包括下属对自身能力的认识以及其控制轨迹（心理学用语，指人们对自己行为所造成的结果主要是受外因还是内因控制的一种认识）这两个重要特点。假如下属成员认为自己能力不强，则证明他们更喜欢指示型领导；反之，有的人自视很高，则可能对指示型领导行为表示愤懑。控制轨迹也属于个性特征，接受内因控制认识的个人相信一切结果都是通过自身的努力和行为所产生的；而接受外因控制认识的个人则往往把发生的结果归因于运气、命运或制度。相信内因决定论的人喜欢参与型的领导行为，而相信外因决定论的人则选择指示型领导。管理者对下属成员的个人特点是难以影响并改变的，但管理人员对环境的塑造及针对不同的个性采取不同的领导方式是完全可能的。

环境因素非下属成员所能控制的，它包括任务结构、职权制度和工作群体的情况。当任务结构很明确时，如采用指示型领导行为，效果就差。对于一些很平常的工作，人们并不需要其上司老是喋喋不休地吩咐如何去做。正式职权制度是另一个重要的环境特点，如果正式职权都规定得很明确，则下属会更欢迎非指示型领导行为。工作群体的性质会影响领导行为，如果工作群体为个人提供了足够的支持和满足，则支持型领导行为就显得多余了；反之，个人会从领导人那里寻求这类支持。

领导人的行为会影响下属的工作动机，而个人和环境的特点也会影响这种关系的性质。途径—目标理论是一种动机的理论，就目前来看尚不够完善。途径—目标理论对领导过程做了合理、良好的描述，若沿着这一研究方向，将会使我们发现更多有关领导与激励之间的关系。

### （三）领导生命周期理论

领导生命周期理论是由科曼首先提出的，后由保罗·赫塞和肯尼斯·布兰查德进一步发展，也被称为赫塞和布兰查德模型。该理论认为，有效的领导应根据下属的成熟程度以及情境的需要采取不同的领导风格。

此理论模型和俄亥俄州立大学的领导行为四分图相类似，把领导行为分为工作行为和关系行为两类，但又加上了第三个因素，即下属的成熟程度，它符合以下几点：取得成就的向往（目标定得较高，但又能达到）；乐于承担责任，并有独立工作的能力；有教育背景和经验，以及相应的技术、技能，能胜任具体工作。

根据这一理论，“高工作、高关系”的领导不一定有效，“低工作、低关系”的领导不一定经常无效。领导的有效性应按照下属的成熟程度来具体情况具体分析。

领导的生命周期模型说明，随着下属的成熟度由低到高，适宜的领导风格依次是命令式、说服式、参与式、授权式（也有人翻译为告知型、推销型、参与型、授权型）。

对于低成熟度的员工，他们通常由于缺少工作经验，因此不能也不会对工作自觉承担责任，这时就使用命令式的领导方式，采取单向沟通的方式，明确规定工作目标和工作规程，告诉他们做什么，如何做，在何地、何时去完成它。

对于较不成熟的员工，虽然已经熟悉工作，并愿意承担工作责任，但他们缺乏工作技能，不能完全胜任工作，这时说服式的领导方式更为有效，领导人应以双向沟通的方式给予直接的指导，并对他们的意愿和热情在感情上加以支持。这种领导方式通常是领导者做出决定，通过解释和说服获得下属心理上的支持。

当下属比较成熟时，他们不仅具备工作所需要的技术和经验，而且有完成任务的主动性并乐于承担责任。他们能胜任工作，因此并不希望领导者对他们有过多的控制和约束，这时适合的领导方式是参与式。

授权式的领导方式适用于下属成熟度高的情境。这时，下属不仅具备独立的工作能力，而且愿意并具有充分的自信来主动完成任务并承担责任，此时，领导者就应该充分授权，放手让下属“自行其是”。

领导生命周期理论为情境理论提供了又一个易于理解的模型。该理论再次说明了并不存在一种万能的领导方式，管理者需要考虑下属的成熟度，并帮助下属发展，加强他们的自我控制。因此，各种领导风格必须因势利导、灵活运用。

### 三、过程管理理论

过程管理理论是亨利·法约尔最初提出，在其一般管理理论基础上发展起来的。该学派把管理看作是一个过程，认为管理是由许多相互关联的职能（计划、组织、领导、控制）所组成的，通过对这些职能的分析，可归纳出一系列的管理原则，从而形成系统的管理理论。哈罗德·孔茨教授发表了一篇文章，详细地阐述了管理研究的各种方法，并认为存在着“管理理论丛林”。他认为过程方法能够包含和综合当时的各种管理理论。W.H. 纽曼和 C.E. 萨默在《管理过程》一书中，认为管理其实是一种适应过程。因为从计划、组织、领导和控制等几个方面来思考管理，将能深化我们的分析，也可能有助于界定出管理的主要问题，从而便于改进管理工作。但是，同任何分析手段一样，它们分析的仍是各个局部。不管我们如何改善管理过程的上述各个方面，如果不将它们纳入总的管理系统中，那么它们是不起作用的。

## 第三节　管理理论的发展

针对现代企业面临管理上的新问题、新情况、新要求，企业界和理论界纷纷投身于创新与环境相适应的管理思想、方式、方法之中，管理学说和管理创新犹如春天的百花，呈现出一派欣欣向荣的景象。有些已经成为管理知识，而有些已经成为管理常识。这些管理知识与管理常识应该为大多数人所熟知和了解。然而，这一点对于我们而言，还需要走很长的路，也就是需要很长时间去普及和宣传。

当然，这些观念必然有局限性。管理上最重要的是应用边界和应用条件，即使是那些管理常识或管理知识，也必须要注意应用边界与应用条件。越是新提出的一些观念或工具，其应用的条件也许越苛刻。结合现实，结合具体的发展阶段，应用适合的管理理论以及管理技术，也许才能达到管理的有效性。

## 第四节　管理发展趋势

通过管理发展史，可以这样说：管理是与生产方式和生活方式相关的，很多的管理理论值得学习和借鉴。

没有过时的管理理论，只有合适还是不合适的管理理论。有些人认为泰勒的科学管理太陈旧了，现在一定有更好的管理方式，这种想法本身就不正确。即使是现在刚刚提出的管理理论，也不见得就是合适的理论，因为最新的管理理论的应用条件与应用边界可能更苛刻。但是，对于管理者来说，管理方式的更新是尤其重要的。

在学习管理的时候，开始时，总是试图找到一种方式或方法，希望在任何情境下都可以应用。当人们了解管理理论之后，就应该理解没有一种管理理论能够适用于任何的管理情境，但我们要理解趋势与指导原则。虽然具体的某种方法或理论不能适用任何情境，但趋势与指导原则可能是一种启示和指引。

# 第四章　行为管理

## 第一节　早期的行为管理学家

早期的行为管理学家主要有三位：雨果·芒斯特伯格（1863—1916）、玛丽·帕克·福莱特（1868—1933）、莉莲·吉尔布雷思（1878—1972）。

### 一、雨果·芒斯特伯格

雨果·芒斯特伯格是德国著名的心理学家，是最早把心理学的观念运用于工业组织的人，作为工业心理学的创始人，被人们尊称为“工业心理学之父”。为了研究科学管理和工业效率的关系，芒斯特伯格想找出为何有人工作表现上佳，而有的则不然的原因。他认为心理和精神技能被科学管理者们忽略了，这引发了他对职业兴趣领域研究的兴趣。他坚信心理测试对各级组织成员的筛选是有价值的，并且用自己对电车司机、电话接线员、高级船员的开创性研究中收集的证据来具体说明其建议。

### 二、玛丽·帕克·福莱特

玛丽·帕克·福莱特虽然生活在科学管理时代，但是她认为有必要理解组织中行为的作用，并走在行为管理理论的前面，为此，她做了不少开拓性工作。她的主要观点有：①利益结合原则。她认为，对于冲突的解决可以通过仔细检查冲突各方面的情形来找到对各方面都有利的办法，即通过利益结合来消除冲突。②形势法则。她指出是形势本身，而非等级制度，将确定谁有权威。发布命令的人应是最了解形势、最能完成工作的人，而不必顾虑职位的高低，变服从个人权力为遵循形势规律。③协作原则。该原则坚持：人们的协作对整个群体都有好处，并以此来取代让个人利益来左右形势。它补充了形势法则，使其更加完善。④循环行为论。领导应以领导者和拥护者在形势中的相互作用为基础。她认为管理是一种用知识为别人服务的“职业”。

玛丽·帕克·福莱特是要求运用参与型领导风格的最早呼吁者，即员工与雇主共同合作，一起审查环境，共同决定该怎么做。

### 三、莉莲·吉尔布雷思

莉莲·吉尔布雷思是“动作研究之父”弗兰克·吉尔布雷思的妻子。莉莲·吉尔布雷思注重研究个体行为，并对管理中如何理解心理学的作用和重要性方面做出了深入的研究。此外，她还研究了不同的管理风格，认为管理风格主要可分为三类：①传统的管理风格，管理者为严格的驱动型，相信统一的命令和使用集中权威；②过渡的管理风格，介于传统和科学的管理风格之间；③科学的管理风格，管理者仔细甄选人员，全面关心员工的福利，使用各种诱因来激励员工，使员工得到充分发展。

莉莲·吉尔布雷思的这些观点是十分超前的。行为研究领域实际上直至 20 世纪 70 年代才提出人力资源管理这一管理哲学理论，并出现全面开发职工潜能的研究热点。实际上，其中许多观点，莉莲·吉尔布雷思早在 20 世纪 50 年代前就提出来了。至去世时，莉莲·吉尔布雷思已经成为世界闻名的在管理学领域做出重要贡献的人物之一，并被人们尊称为“管理第一夫人”。

## 第二节　霍桑研究

在管理学的历史上，没有任何一项研究像美国西方电气公司在其霍桑工厂里所进行的实验研究那样广泛地受人瞩目，并被人们提出过这么多种不同的解释，也受到了同样众多的赞扬和彻底的批评。霍桑工厂是美国电话电报公司的设备制造和供应部门。霍桑研究（也翻译为霍桑实验）由一系列的实验组成。

### 一、研究的起因——照明实验

首先，请研究者们回答一个非常质朴的问题：工作场所的照明对工人生产力会起到什么样的影响？前期的研究显示，提高照明度会导致产量的增加（也就是工人的生产效率提高了）。研究人员在西方电气公司的冲床室、绕线室和继电器装配室观察其现有的照明条件以及工人作业量记录，以便为工人工作量水平建立一个基线。随后在所有被考察的小组中改变其照明条件，结果为：产量的上下浮动与照明度没有直接的关系。

研究人员挑选了具有相同经验和产量的绕线室的工人并分成两组，分别为控制组和变化组。实验的结论是不论照明条件怎样，两组的产量都提高了。随后，该实验又被重复了一次，而且即使是在不充分照明的条件下，依然能维持效率，甚至将照明度逐渐降到近于烛光的程度，产量依然在增加。

## 二、继电器装配检验室

该实验参与者有五位继电器装配员，还有一位电路设计师和一位实验观察员。工人们被告知该项研究的计划以及目的，他们很快速地同意参加该项研究。研究开始后，陆续改变实验条件并研究它们对工作量的影响。假定的影响产量的因素包括：①组成小团体；②监工的类型；③收入增加；④对实验的新奇感；⑤公司官员和其他调查员们对实验室工人们给予的关注，等等。

## 三、访谈计划

乔治·埃尔顿·梅奥（1880—1949），澳大利亚人，后移居美国，哈佛大学教授。以梅奥为首的哈佛大学研究小组的加入，改变了霍桑研究的整个命运。因此，梅奥后来成为霍桑研究的代表人物，但他不是研究的发起者。梅奥在其早期的研究中发现，工人的问题不能只用任何一种因素来解释，而必须置于“整个情况的心理学”之中来加以探讨。为理解工人们的情况，梅奥认为应该采用一种谈话式的或非指导性的方式来进行访谈。访谈计划的前提是，新的监督作用是一种坦率的、让人感到关怀的、愿意倾听意见的监督。访谈发现，女工“怕有权的人”，但是，如果实验人员较为关心其需要，她们的羞怯和惧怕就会消失，从而更自由地同公司职员和观察人员交谈。工人们在工作中表现出更大的热忱，并在工作中和业余活动中形成了新的友谊。她们士气的改进似乎同监督方式和更高的生产率密切相关。

后来，把访谈计划改成事先不规定内容的方式，工人可以任意发表意见。访谈者的任务就是让工人讲话，而每次访谈的平均时间延长到了一个小时至一个半小时。在做了这样的改变以后，工人们在随后的访谈中表示，工作条件已有所改善，而他们的工资报酬也提高了（实际上没有变）。简单地说，有一个“泄泄气”的机会，使得工人们感到他们的处境改善了，尽管事实上没有什么改变。

访谈计划的结果是，对监工进行训练，使之能倾听并能理解工人的个人问题。监工被训练成访谈者，多听少说，在他们同工人的个人接触中防止任何道德说教、劝告等情绪。这种新型的监工更注重人的因素，更关心人，较为热情，并掌握了处理社会和个人情况的技巧。这样处理人际关系的结果是，士气较高，悲观主义的情绪较少，产量较高。监督工作、士气和生产率之间的这种关系，成为人际关系运动的基础。

## 四、团体行为——绕线室

另一项关于非正式组织行为的研究是在霍桑工厂的绕线室进行的。哈佛研究小组惊异地发现，“工厂部门中的社会团体能对各个成员的生产行为进行强有力的控制”。研究小组由男工组成，他们的工作是装配中央交换机设备中所用的接线器，被隔离于一间观察室中。绕线作业包括三类相互有高度联系的工人：①在接线柱上绕线的绕线工；②把接头连接起来的焊工；③对上述工作的质量进行检查的检验工。实行的是集体刺激工资制，以小组的总产量为依据对每个工人付酬，并强调必须进行相互合作。

研究人员注意到的第一件事是，工人们对于什么是“公平的一日工作量”有明确的理解，而它低于管理当局所规定的产量。工人估计，如果产量超过了那个非正式标准，工资率将会降低，或者作为刺激工资制基准的标准，即管理当局规定的标准，将会提高。所以工人们会面对两种危险性：一种是产量过高，那会导致降低工资或提高产量标准；第二种是产量过低，那会引起监工不满。每个工人的共同感觉是，不要超过那个非正式的产量标准而成为一个生产冒尖者，也不要寄生性地低于那个非正式标准而成为一个生产落后者，从而使同伴受到损失。为了使这个团体规范得以实行，团体中的成员采用了一些有趣的团体内部纪律措施，如“嘲笑、讽刺和给一下子”等。“给一下子”就是对有不满情绪的人在手臂上相当用力地打一下，这适用于违反各种团体规范的人。避免伤害感情成为一种激励因素，工人们采取各种私下的措施来维持自己非正式团体成员的资格。

这里有“认可”和“归属感”的原因。要想得到群体的认可，就必须遵守群体的行为规范，因此，要把产量控制在群体成员认可的水平上。①不能生产得太多，生产得太多就是“贪财”；生产多的会给生产少的带来压力，逼迫生产少的提高效率，从而有可能导致工资率降低，损害整体利益。②不能生产得太少，如果生产得太少就是“占便宜者”。③不能对外讲述有关生产的细节，特别是不能对管理层告知有损同伴利益的事情，否则，就是“告密者”。④前后衔接的工序（或工作）不能太官腔，例如检查员，也就是说相互衔接的工作不能太较真，太较真就会被孤立。因此可以看出，生产率受群体制约。

简单地说，霍桑研究的结果是号召人们掌握一种综合的管理技能。这些技能对于处理人群问题是至关重要的。这些技能包括：第一，理解人类行为的诊断技能；第二，对工人进行咨询、激励、引导和信息交流的人际关系技能。要处理好霍桑工厂所发生的行为，单单只有技术方面的技能是不够的。

梅奥对霍桑研究进行了总结，写成了《工业文明中人的问题》一书。该书提出了一些与当时流行的泰勒科学管理不同的新观点。

第一，员工是“社会人”。

第二，企业中存在着“非正式组织”。

第三，新的企业领导能力在于通过提高员工的满足感来提高他们的士气。

这三条可以说是人际关系学说提出的重要命题，也是行为科学之后发展的理论基础，并对以后的管理思想发展有着重大的影响。

霍桑实验（研究）提出了很多的命题，且《工业文明中人的问题》一书中也提出了一些议题，但其结论性的东西并不多。这些命题和议题引导着人们进一步思考和研究。例如，提高员工的满足感，这是一个很抽象的动宾词组。什么能提高员工的满足感？是不是钱？例如，霍桑实验提出钱不是唯一因素（这个意思是“钱是重要因素”，还是“钱是最最重要因素”，还是“钱是重要因素之一”呢？）。也许这句话的意思应该理解为：钱是最重要的因素，但还有一些次要因素。但这句话是正确的吗？达到一定程度后，会不会变成次要因素？或者说当钱的数量固定后，就不再是重要因素呢？也就是说，仅仅“通过提高员工的满足感来提高他们的士气”这种表述，是非常抽象的。霍桑实验还提到：“在非正式团体中的人们，他们的满足感来源于朋友与同事的接受和认同，金钱只是组成社会认同感的一小部分。”根据这句话，那么可以认为，既然是非正式团体的人们，是否已经包含经济背景的因素？不论是通过霍桑实验中让员工发泄一下，还是给予关注等方式来提高员工的满足感，都仅仅是其中的一种实验方式，具体情形下该如何操作，是人们后续考虑和研究的命题。

# 第三节 人际关系运动

霍桑研究之后，掀起了对工人的关心，因为劳动生产率的提高与工人的满意度高度相关。这就要求管理者与工人建立良好的协作关系，并需要了解怎样才能使工人对工作感到满意。为此，人们从各方面开展了对人的需要、动机、行为、激励以及人性的研究，形成了研究人际关系的热潮。下面主要介绍马斯洛的需要层次理论、麦格雷戈的 X · Y 理论、赫茨伯格的双因素理论。

## 一、马斯洛的需要层次理论

亚伯拉罕 · 马斯洛是一位心理学家和行为学家。他在《人的动机理论》中提出的需要层次理论，对人际关系改动做出了重大贡献。马斯洛从理论上提出了人类需要的五个层次，它们依次是生理需要、安全需要、社交需要、尊重需要和自我实现的需要。从动机的角度来看，马斯洛认为，需要层次中的每一步必须得到满足，下一层次的需要才会被激活；一旦某种需要被充分满足，他就不再对行为产生激励作用；只有前一层次需要得到充分满足，后面的需要才显出其激励作用。形象地说，就像五个连续的阶梯，一般情况下，需要呈阶梯状向上。

### （一）生理需要

生理需要，包括衣、食、住、行等方面的需要和欲望，这类需要的级别最低。人们在转向较高层次的需要之前，总是尽力满足这类需要。马斯洛认为，人类这些需要如果得不到满足，就谈不上其他需要。一个人在饥饿时不会对其他任何事物感兴趣，他的主要动力是得到食物。

即使在今天，还有许多人连这些基本的生理需要都不能得到满足。管理人员应该明白，如果员工还在为生理需要而忙碌时，他们所真正关心的问题就与他们所做的工作无关。如果管理者基于为了生理需要而努力工作的假设，那么，也就是认为人们为报酬而工作，主要关心收入、舒适等。所以，激励时应试图通过增加工资、改善劳动条件、给予更多的业余时间和工间休息、提高福利待遇等来激励员工，以激励人们努力工作。

## （二）安全需要

安全需要，包括对人身安全、生活稳定以及免遭痛苦、威胁或疾病等的需要。人们确保自己免受身体和情感伤害的需求和欲望，又分为两种：一是现在的安全需要，二是未来的安全需要。和生理需要一样，马斯洛认为，在安全需要没有得到满足之前，人们关心的就只是这种。

对许多员工而言，安全需要表现为安全而稳定以及有医疗保险、失业保险和退休福利等。主要受安全需要激励的人，在评估职业时，主要把它看作不致失去基本需要满足的保障。如果管理人员认为对员工来说安全需要最重要，他们就在管理中着重利用这种需要，强调规章制度、职业保障、福利待遇，并保护员工不致失业。如果员工对安全需要非常强烈，管理者在处理问题时就不应标新立异，并应该避免或反对冒险，而员工们将循规蹈矩地完成工作。

从整个社会角度而言，在没有完备的社会保障体系的情形下，一般人对安全需求的表现是希望拥有“稳定的工作”，而权贵阶层的人则是想办法保证“财富安全”。

## （三）社交需要

社交需要，包括对友谊、爱情、归属、接纳等方面的需要。马斯洛认为人是一种社会性动物，人们的生活和工作都不是孤立进行的，而是在与其他社会成员产生一定关系中进行的。因此，在工作中，人们也希望是在一种被接纳的情况下进行的。人们希望受到别人的注意、关心、友爱、同情等，希望在情感上有归属，归属于某一群体或某一组织，不希望成为离群的孤雁。社交性需要比生理性需要和安全性需要来得细致，需要的程度也因每个人的性格、经历、受教育程度不同而异。

马斯洛认为，当生理需要和安全需要得到满足后，社交需要就会凸显出来，进而产生激励作用。这些需要如果得不到满足，就会影响员工的情绪，导致高缺勤率、低生产率、对工作不满及情绪低落。管理者必须意识到，当社交需要成为主要的激励源时，工作被人们视为寻找和建立温馨、和谐人际关系的机会，能够提供同事间社会交往机会的职业受到欢迎。管理者感到下属努力追求满足这类需要时，通常会采取支持与赞许的态度，十分强调能为共事的人所接受，开展有组织的体育比赛和集体聚会等活动，并且遵从集体行为规范。

### （四）尊重需要

尊重需要，既包括对成就或自我价值的个人感觉，也包括他人对自己的认可与尊重。自我的感觉表现为自尊心，对工作有信心，对知识掌握有决心，做事要有能力，等等。自尊心是驱使人们奋发向上的动力。有尊重需要的人希望别人按照他们的实际形象来接受他们，并认为他们有能力，能胜任工作。他们关心的是成就、名声、地位和晋升机会，这是由于别人认识到他们的才能而得到的。当他们得到这些时，不仅赢得了人们的尊重，同时就其内心对自己个人价值的满足而言也充满自信。不能满足这类需要，就会使他们感到沮丧。如果别人给予的荣誉不是根据其真才实学，而是徒有虚名，也会对他们的心理构成威胁。

管理者在激励员工时应特别注意有尊重需要的成员，应采取公开奖励和表扬的方式，布置工作时要特别强调工作的艰巨性以及成功所需要的高超技巧等，激发人们对自己工作的自豪感。

### （五）自我实现需要

自我实现需要是人在自我成长与发展或是发挥潜能取得成就和实现理想抱负方面的需要，也就是事业心和成就欲。达到自我实现境界的人，接受自己也接受他人；解决问题能力增强，自觉性提高，善于独立处事，要求不受打扰地独处。在工作表现方面，不愿意在被动或受控的情况下工作；有独立、主动的愿望，有意愿去研究、分析、改进和完善工作；并且愿意挑战一定的难度。

重视这种需要的管理者会认识到，无论哪种工作都可以进行创新，创造性并非管理人员独有，而是每个人都期望拥有的。为了使工作有意义，强调自我实现的管理者，会在设计工作时考虑运用适应复杂情况的策略，会给身怀绝技的人委派特别任务以施展其才华，或者在设计工作程序与计划制订和执行中为员工群体留有余地。

马斯洛的需要层次理论提出后受到了普遍的重视，因为该理论简单明了、易于理解，也符合人类动机形成的基本规律。马斯洛的需要层次理论很容易被常人接受，不仅在于容易记忆，也在于符合一般人的思维。

需要层次理论也受到了很多的质疑，不少人对该理论进行了补充和修正。基本上认为：对需要的五个层次的划分过于机械；需要并不一定遵循等级层次递增；很多行为后果可能满足一种以上的需要；一个人的个人观感对其需要和动机有重要影响，有人满足低层次需要后并不一定对高层次需要有所渴求；五个层次的需要都是本我的需要，人还有超我的需要、为信仰等奉献和献身的需要层次；等等。

因此，要看到这个理论存在的负面影响，深入思考才能更好地运用这个理论。当然，现在的行为心理学研究远远超出了马斯洛的需要层次理论。

## 二、道格拉斯·麦格雷戈的 X·Y 理论

道格拉斯·麦格雷戈在哈佛大学和麻省理工学院长期从事心理学的教学工作。他考察了构成管理行为基础的人的行为的各种设想，认为长期以来企业管理都是建立在管理部门对企业和企业成员进行指挥和监督的基础上的。麦格雷戈把它们归纳为 X 理论。

（1）一般人有一种好逸恶劳、尽可能逃避工作的特性，因此，管理部门必须强调生产率和物质刺激的制度，强调一个公正的日工作量，反对限制产量。

（2）由于人们有厌恶工作的特性，对大多数人必须进行强制、监督、指挥，并以惩罚进行威胁，才能使他们付出足够的努力去完成组织的目标。

（3）一般人只有较少的抱负，宁愿接受领导，选择逃避责任，尽力要求安全。

X 理论实行了很长一段时间，它之所以能实行下来，是因为它对组织中的一部分人的行为做出了不容置疑的解释。然而，许多显而易见的事实和越来越多的研究发现是无法用 X 理论来解释的。于是，麦格雷戈提出了 Y 理论，其基础原则是用“一体化”来代替指挥和监督。

Y 理论关于人的动机的一部分设想如下。

（1）在工作中运用智力、体力，正如游戏或休息一样自然。人并不是天生厌恶工作，这取决于工作条件对他是一种满足，还是一种惩罚。

（2）外部的控制并不是获得成果的唯一方法。人在为自己所认可的工作目标服务时，可以自我发挥和自我监督。

（3）能够获得的并以此来取得目标的最重要的报酬就是个人自我实现需要的满足。这能促使人们朝着组织目标而努力。

（4）在正常的条件下，一般人不但学会接受责任，而且追求承担责任。

（5）大多数人在解决组织的问题方面，都能做出富有创造性的贡献。

（6）目前，一般人的智力和潜能只是部分地得到发挥。

麦格雷戈深入分析了如何把 Y 理论当作现代组织管理的基础来接受。他特别强调工作评价、工资、提升、参与和组织内部上下级关系的作用。在最后一点上，他最重要的论点就是，当那些职能部门被高层管理部门用来控制生产线时（像

X 理论的要求那样），这些部门与生产线之间将出现紧张与冲突的情况。而在 Y 理论中，职能部门的作用就是向组织管理的各层次提供专业上的服务。

实际上，X·Y 理论可以进行简化理解，X 因素就是人性中的消极因素，而 Y 因素就是人性中的积极因素。任何一个人，X 因素和 Y 因素都同时存在着，但人们在不同情境下是消极因素还是积极因素做主导却非常不同，有些情境会表现出积极因素，而有些情境则表现出消极因素，甚至，有些情境看起来相同，但看不到的影响（特别是情绪影响）却导致主导因素截然相反。

对于组织而言，懈怠、渎职往往更多地出现在管理人员身上，层级越高，其懈怠、渎职的行为对组织的影响就越大。如何监督并消除高管人员的消极行为表现，在管理中具有更大的意义，而不是眼睛盯着消极的最基层人员。

## 三、赫茨伯格的双因素理论

双因素理论由美国心理学家弗雷德里克·赫茨伯格所提出。赫茨伯格经过对 2000 多名工程师和会计师的访谈调查发现，引起人们不满意的因素往往是一些工作的外在因素，大多数同他们的工作条件和环境有关；使人们满意的因素通常都是工作内在的因素，是由工作本身所决定的。

赫茨伯格认为，人们通常将满意与不满意视为对立面，但实际上，满意的对立面是没有满意，不满意的对立面是没有不满意。

### （一）影响行为的因素

赫茨伯格提出，影响人们行为的因素主要有两类：保健因素和激励因素。

#### 1. 保健因素

保健因素是指那些与人们不满情绪有关的因素。保健因素处理得不好会引发人们不满情绪的产生，处理得好可以消除这种不满。同时保健因素只能起到维持的作用，不能起到激励作用。所以保健因素又称为“维持因素”，只是为了消除不满，达到没有不满意。赫茨伯格认为，保健因素主要有以下内容：

（1）组织政策与行政管理。

（2）监督员工与管理者的关系、地位。

（3）工作环境和条件、劳动保护、安全。

（4）工资水平、个人生活。

（5）工作中的人际关系。

2. 激励因素

激励因素是指与人们满意情绪有关的因素。与激励因素有关的工作处理得当，能够使人产生满意情绪，如果处理不当，其不利效果也顶多只是没有满意情绪，而不会导致不满。赫茨伯格认为，激励因素主要有以下内容：

（1）工作表现的机会和工作带来的愉悦感。

（2）工作上的成就感。

（3）由于良好的工作成绩而得到奖励。

（4）对未来发展的期望。

（5）职务上的责任感。

双因素理论对管理的启示：要调动和维持员工的积极性，首先得注意保健因素，做好与之相关的工作，以防止产生不满情绪，并且要利用激励因素去激发员工的工作热情，使员工努力工作。

## （二）双因素理论的不足

双因素理论虽然被广大管理者所接受，但也受到一些批评，主要有以下几点：

（1）调查取样的数量和对象缺乏代表性。

（2）赫茨伯格在调查时，问卷的方法和题目有缺陷。人们的回答也带有很大的主观性。

（3）赫茨伯格认为工作绩效与满意度有必然联系，但实际上，工作满意与否不一定与工作绩效有直接的联系。

（4）将保健因素和激励因素截然分开是不妥的。基本上将马斯洛需要层次理论中较低层次需要看成是保健因素，较高层次需要看成是激励因素，对于不发达地区来说就显得适用性不足。

（5）无论如何评价双因素理论，该理论对管理人员的影响还是很大的，它使管理者认识到激励在工作场所的重要性。

## （三）双因素理论的进一步解读

双因素理论的“保健因素”可以从“资格要素”这个角度进行理解。首先，资格要素就是基本条件，无论一个人在找工作、找就餐地点、找合伙人、找朋友等，都有一个基本条件，达到基本条件之后才进入可选范围。也就是说基本条件（资格要素）是必须要达到的，基本条件不能达到则被“淘汰”。其次，基本条件是变化的。同样的道理，工作基本条件的要求也在变化。人们对于工作基本条件的要求，就是保健因素。这些因素是因人而异、因时而异的。人们对于资格要素的判断是“达到要求（达标）”和“没有达到要求（未达标）”，其标准也是因人而异、因时而异的。

人们对工作基本条件有要求，企业招聘对新人有基本要求，很多情况下，基本要求也就是“保健因素”。如果基本条件达不到，那么就不满意；当然，如果具备了“基本条件”，也就是达到了没有不满意。然而，没有不满意不等于满意，是否满意还要看这个基本条件之后的其他条件，也就是“激励因素”。

双因素理论中的“激励因素”可以用“赢得要素”来理解。对于“赢得”的理解可以从“能够赢得”和“赢得的程度”两个方面进行。我们可以把“能够赢得”看成和“基本条件达到要求”等同起来。资格要素中的某个因素“因量的不同”可能就会转变为“赢得要素”。当然，工作成就感、责任感、工作过程的愉悦感等都是“赢得要素”。因此，管理者应该考虑如何“赢得”员工的工作热情、工作激情，甚至还要考虑“赢得”的程度（有人认为，涨工资不会带来满意感，只能降低不满意。大家可以去思考这句话）。当这样解读的时候，就是将双因素理论中的“没有不满意”和“还没满意”等同起来（不满意、没有不满意、还没满意、满意四类，很多时候就成了三类了），也就是理解为“保健因素”与“激励因素”并不是不相关的两类因素，而很多情形下可能是同一类因素，只是程度不同而成为两个方面，甚至可以理解为“量变到质变”，这一点与赫茨伯格认为的双因素中的两类因素有所不同。

可以从企业或工作单位的角度来看待“资格要素”和“赢得要素”，达到基本条件，有人会来工作；赢得人们（自己）努力工作，仅仅有基本条件是不够的，要有“赢得要素”（也就是双因素理论中的激励因素）。一个组织要想使顶尖人才加入，就必须有顶尖的“基本条件”，要想赢得人们努力工作，就要有赢得的条件。实际上也可以从个人的角度来看待自己是否可以获得某个工作，或者在某项工作中的竞争能力。一个人要想进入顶尖的组织，就必须具备进入顶尖组织的素质；要想有很强的工作竞争能力，就必须在某些方面具有高水平。一个人首先要知道自己能做什么、自己想做什么，然后是知道自己需要获得哪些知识与技能，如何通过学习和训练掌握它们，才能做自己想做的。

# 第四节　组织行为理论

早期三位杰出的行为管理学家是行为管理理论的最早贡献者；霍桑实验是研究人际关系运动的里程碑式的事件；马斯洛和麦格雷戈是人际管理运动中人际关系理论的杰出代表。到20世纪50年代后期，行为管理理论已发展到组织行为理论。

组织行为理论认为，人的行为要比人际关系学家所了解的复杂得多。组织行为学涉及的领域非常广泛，它是在吸收了诸如心理学、社会学、人类学、经济学和医学等多种学科理论的基础上建立起来的。组织行为理论从一个通盘的视角来考察个人、群体和组织的行为过程。

组织行为理论是当代管理理论的一个重要组成部分。在这个领域，人们目前感兴趣的课题有工作满意的理论、行为改造理论、激励理论、领导科学、沟通理论、群体动力学、组织政治学、人际冲突理论、组织结构和组织设计等。

概括起来讲，行为管理思想的特点在于改变了人们对管理的思考方法，它把人看作是宝贵的资源，强调从人的作用、需求、动机、相互关系和社会环境等方面研究其对管理活动及其结果的影响，研究如何处理好人与人之间的关系、协调人的目标、激励人的主动性和积极性，以提高工作效率。但个人行为的复杂性使得对行为进行准确的分析和预测变得非常困难，因此行为科学要在实践中得到广泛的应用，有待于理论的进一步发展和完善。

从某种意义上来说，组织行为是分工与合作的行为。组织行为是研究组织中的单个人以及组织整体的行为表现，这是两个不同的侧面，从管理上讲，就是提高分工与合作的有效性，这与单纯的组织行为研究是不同的。

# 第五章　科学管理

## 第一节　科学管理理论产生的背景

分工必然导致管理或管理行为（但管理行为不等于管理理论）。直到20世纪，管理才得到认识、分析、监控和传授。这时候，才有了管理理论。

可以这样认为，自从有了分工与合作，就有了管理行为；然后出现了管理思想，最初管理思想“隐藏”在各种典籍之中；到20世纪初，出现了管理理论；到20世纪中期，才形成了管理学这门学科。可以用“医”来进行对比。医疗或医治的行为很早就有了，然后有了医学思想，又有了医学的理论，直到最后才有医学这门学科。下面来看一下管理产生的背景——工业革命以及工业企业的成长。

### 一、工业革命

工业革命有以下三个重要的方面。

#### （一）文化方面

新教伦理（代表人物：马克斯·韦伯）、自由伦理（代表人物：约翰·洛克）、市场伦理（代表人物：亚当·斯密）。

#### （二）技术方面

蒸汽机的发明。

#### （三）社会生产方式的转变

工业革命创造了一种新的文化环境、新的职业（产业工人）、新的生活方式。在新的生产方式下，人们努力使自己更适应城市和工厂的新的严格的生活，（新的生产方式与新的生活方式）使人们的需求也越来越复杂。有些人（越来越多的人）完全脱离农业，终生从事工业生产，社会化的分工促使整个社会效率提升。

后来到了工业化生产方式和城镇生活方式的时候，社会分工与以往的农耕生产方式和农村（为主）的生活方式才完全不同。人类社会从农耕社会进入工业社会，从某种意义上说，是商贸、市场、工厂（企业）推动着前进的。

## 二、工厂与企业

工厂制度的管理阶段是现代管理的萌芽阶段。在这阶段的管理主要是企业家的实践和自我探索，根本没有引人注目的思想形成文字并流传下来。工厂制度管理，重点是工作秩序、人员的监督；关注的重点是机器和技术；计时、计件是主要的监督方式；同时用宗教的伦理和价值准则来培养工人对工作的正确态度。

西方工业革命后的社会管理与封建社会相比有了很大程度的不同，但这时候的社会管理一般归于政治学范畴或社会学范畴。现代管理学的起始范畴仅仅限于工业企业管理。

铁路的产生极大地改变了运输方式，特别是货物的运输（蒸汽动力催生了火车、轮船）。电话、电报等通信的进步使沟通方式多样化。运输、通信的进步，可以更大范围地把供应商、生产商、销售商和消费者联系在一起。

资本的积累、规模化的生产与销售要求更大的资本密集。工业企业的成长，面临管理大型组织的难题。

工业企业成长后面临的管理问题：需要制定人员、材料、设备、资本等各种计划；劳动分工、委派权力代理、责任分配、组织生产等各部门；激励、协调人际关系，组织内的信息传递以及各种协调与衡量；纠错与实现控制；等等。

企业的制度化促使管理理论产生。

# 第二节　探析泰勒制的科学性

弗雷德里克·泰勒因眼疾辍学而流转于工厂之间，开始探索科学的管理方法与理论，不断在工厂实地试验，系统地研究和分析工人的操作方法和动作所花费的时间，逐渐形成其管理体系——科学管理，随后著成《科学管理原理》一书。此书指明了管理的目标：使雇主实现财富最大化，同时也使每一位雇员实现财富最大化。

## 一、泰勒制的原理

《科学管理原理》从英、美两国劳动人民深感苦恼的“磨洋工”现象出发，并说明“磨洋工”问题出现的原因，在书中第二章指出“磨洋工”问题的解决措施，进而引出作者在管理学领域提倡的科学管理原理，通过不同工种的案例来佐证科学管理制度较之其他管理制度的优越性。在书中，泰勒用四个组成要素来概括科学管理原理的主要内容：第一，形成一门科学；第二，科学地选择人；第三，对工人进行教育和培养；第四，管理者与工人之间亲密友好地合作。以上四点是《科学管理原理》所要传达的核心内容，也是实现雇主与雇员利益同时最大化的必要步骤。

### （一）形成一门科学

科学管理不断向人们强调管理者对工人的管理是一门科学，而不是简单的来自于经验的堆砌。在砌砖工案例中，泰勒用“包括每个工人动作的严格规则以及所有工具和作业条件的完善化和标准化”来形容砌砖科学。吉尔布雷斯先生通过时间、动作研究和实验为砌砖工人压缩砌砖动作的个数，设计简易有效的工具，增加辅助工等来改善砌砖工的工作条件，使工人砌砖逐渐形成一个程序化、体系化、标准化的过程，进而使提高砌砖工生产效率的方法过程成为一门科学。

### （二）科学挑选、培训工人

科学管理同时也强调“科学选人并加以培训”是提高工厂生产效率所不可或缺的步骤。在生铁搬运工案例中，泰勒认为大约 8 个人中仅有 1 个人具有“公牛”体力，而剩余的 7 个则会因为不适合或无法从事该类工作而被辞掉；在铲运工案例中，在体力或智力上不符合标准的铲运工将可能被调换到其他的工作岗位；在钢珠女工案例中，泰勒建议辞退那些“个人系数”高的年轻女工。上述三个案例无一不表现出泰勒制中的“科学选人”相对于之前的管理制度是“过度严苛”的，“这将在绝大多数人中引起极大的同情”，然而“这种同情是完全多余的”。事实上，如若泰勒的研究、实验已经证明他们不适合该工种，那么即使他们留在原来的工作岗位，他们所获得的工资也很难有突破，相比之下，若离职的工人找到了最适合他们的工作岗位，并且经过适当的培训、指导成为熟练工人，他们的工资会得到大幅度的增加，同时工厂高效的运作也会为资方带来高额利润。

### （三）管理者与工人的亲密友好合作

泰勒不止一次在《科学管理原理》中描述车间内管理者与工人的理想关系，认为工人和管理者之间应和睦相处、亲密无间、友善协作，管理者将承担工人以往负全责的部分责任，并在工作上给予工人科学的指导、建议与帮助，确保全部工作都按照其所制定的科学原则进行，也只有这样，才能实现科学管理制度下雇主与雇员利益的共同最大化。在 1912 年出版的《在美国国会听证会上的证词》中，泰勒再一次有力地申明管理者与工人友好的合作关系在科学管理制度中的重要性，内容如下："当他们用友好合作和相互帮助代替彼此敌对和冲突的时候，他们就能够使这盈余比过去有巨额的增长，从而有充足的盈余来大大提高劳动者的工资，同时也大大增加了制造商的利润。先生们，这就是伟大心理革命的开端，它是走向科学管理的第一步。"

## 二、泰勒制中的游戏——个体化管理

"个体化管理"是从科学管理四要素中提炼出来的另一要素。《科学管理原理》中首倡车间内的"个体化管理"是使工人的劳动过程成为游戏的必要条件。约翰•赫伊津哈在《游戏的人》一书中将"游戏"定义为"在特定时空范围内进行的一种自愿活动或消遣；遵循自愿接受但又有绝对约束力的规则，以自身为目的，伴有紧张感、喜悦感，并意识到它'不同'于'平常生活'"。迈克尔•布若威的《制造同意》一书中将车间内超额的劳动过程比作游戏。在布若威的"超额游戏"中，工人在固定的工作时间于车间内自愿为资方打工，遵守管理者为他们制定的规则，以赚钱养家糊口为目的，但实际上，工作中知识、技能、独创性、速度与毅力的竞争为他们增添了趣味与刺激，除此之外，"成功完成"与"胜利"的愉悦是他们愿意留在工作岗位上拼命超额工作的重要原因。

不难类推出泰勒制也是一个游戏，但是它需要将工人与管理者"你情我愿"的关系作为前提。在寻找泰勒制中的游戏的过程中，笔者意外发现超额为工人带来的紧张感、喜悦感的游戏要素似乎出因于泰勒制中所提倡的个体化管理。在《科学管理原理》的铲运工案例中，伯利恒公司的管理者不再通过大班组或大集体的方式来管理铲运工，他们愿意为每一位铲运工单独分配一节车皮，记录每位工人的工作完成度并按劳付酬。这一改变意味着工人不用再为车间内的"磨洋工"将车间的平均生产水平拉至最低而抱怨，也不用再为不理想的工资而担忧，他们可以享受按时或提前完成管理者所指示任务的满足感与获得较为丰厚工资的愉悦感，甚至产生在工作完成度与质量上超越其他工人的刺激感与优越感。简单来说就是，如果没有泰勒通过提倡个体化管理为处于“磨洋工”困境中的工人灌输游戏精神，让工人之间彼此竞争，在泰勒制之后工厂内的游戏在短时间内就无法具备紧张感与喜悦感这一游戏要素。

## 三、泰勒制“完美性”的思考

在拥有四个基本组成要素与个体化管理的条件下，泰勒制看似是近乎“完美”的车间内管理制度，它能够实现车间内“使雇主的财富最大化，同时也使每一位雇员的财富最大化”这样的管理目标。然而，《科学管理原理》中的第四要素，管理者与工人的亲密友好合作却更像是现实中的乌托邦。相较于上文提及的《制造同意》中所描述的超额游戏中资方利用工人的游戏心理使工人在无知中逐渐安于甚至享受被剥削剩余价值，泰勒制的游戏中工人的认知水平与资方的善良程度更具理想化，泰勒制中塑造的管理者与工人之间的友善态度、亲密关系在现实中难以实现。

在泰勒制推行后不久，梅里克在沃特顿兵工厂具体实施科学管理，解雇工会会员引起罢工。《美国杂志》的主编收到一位名叫辛克莱的年轻社会主义者的来信，信中指责泰勒“把工资提高了 61%，而工作量却提高了 362%”。不可置否，在泰勒制下工作的工人更倾向于抱怨不公，他们看似付出了多倍的努力，得到的工资却没有成倍增加，他们用心工作却有可能遭辞退。然而事实是，解雇和工作岗位的调换对于工人本人来说是找到适合他们工作并得到更高工资的第一步；而在所增工资与实际工作量不符的问题上，《科学管理原理》也在末尾以生铁搬运工为例做出了解释，即工人成倍的工作量与没有成倍的工资都是通过长时间、系统、客观实验并且考虑到各方面因素的科学结果，而且在科学管理下，工人虽然做了 3.6 倍的工作量，但其疲劳程度绝不会超过一天适当工作所带来的疲劳程度。

但若寄希望于工人来理解《科学管理原理》中所做出的解释，那就高估工人的认知水平了。作为社会底层的人民，他们所受到的教育是不完整的，思考问题的能力是有限的。在泰勒制是否公平的判断依据的寻找上，他们大多数看到的可能只有手头越来越多的工作量，拿到的只有超过半数的额外工资，还有身边不断被解雇的同事。如此看来，工人们做出不公正的判断、工人罢工是完全在情理之中的。

引起工人罢工的并不止是工人的认知水平问题，还有资方在具体实施泰勒制时的贪婪，这大概也是泰勒制后来被批判将工人视为“机械人”的原因所在。理想的泰勒制是工人与资方你情我愿的合作态度，并辅之动作研究、工时研究、职能工长制等作为手段来提高工作效率，最终实现劳资双方的共赢。但是在利益最大化原则的驱使之下，作为工厂主宰的资方会趋向于只选择或者强化泰勒制中提高生产力的手段，并有意忽视了工人与管理者、资方的友好合作。可以说他们所实施的“泰勒制”并不是《科学管理原理》中泰勒所追求的泰勒制，他们完成的目标仅是泰勒所追求的理想目标的一半——使雇主的财富实现最大化。

## 四、对泰勒制的评价

科学管理理论的影响是巨大的。科学管理理论为工作方法和工作定额都提供了理论依据；科学管理理论提出了劳资精神革命的构思，为缓解劳资紧张关系提供了可能性；以科学管理理论为核心的科学管理运动提高了公众对提高生产率的关心程度；此外，科学管理理论还提升了管理理论的科学性。

首先，泰勒把分析原则和行动原则混淆了。他注重的是个别任务，把工作分得越细，人们就会把工作做得越好的观点也是不正确的。因为人不是机器，对人来说，并不存在着“唯一正确的”速度和节奏，强求人的动作如机器一样整齐划一是不现实的。

其次，科学管理理论的缺陷还在于计划工作与实际工作的分离。计划工作与实际工作是有差别的，这一发现是泰勒最有价值的高见之一。泰勒强调在做工作之前计划做得越周密，工作就会做得越容易、越有效，生产效率也就越高。但在分析过程中泰勒认为，计划和执行应该是两个不同的人负责的工作，也就是说企业中有两类人，一类人决定要做什么，由他们来设计工作，规定工作步伐、节奏和动作，并命令其他人去做；另一部分则接受命令，怎么说就怎么做。然而在现实中，计划与执行可以是一类人或同一个人去做的事情，现实中往往是同一批人既做计划又承担执行责任才更有效。

## 五、对泰勒制的进一步思考

第一，科学管理关注的是企业长远发展，立足点是企业长远发展，而不是工人，所有的改善工人工作条件以及工资待遇的做法都是手段。泰勒理论中所暗含的“企业主想让企业长期发展”仅仅是一个靠不住的假设。企业长期发展，是一个社会对企业的期望，而不能等同于某个企业主的期望。对有些企业主而言，眼前能赚到钱就可以。长期涉及企业主的预期，也涉及对社会的预期。“急功近利”本身就是社会造成的，有很多的企业主也只能考虑“短期”。

第二，科学管理本质上是为资方服务的，但标准的作业条件、给工人提供培训、帮助工人成长等是当时的资方不愿意接受的，也是现在很多企业主不会主动接受的。但是，这些已经是管理的基础，也是提高效率的基础。

第三，将个人“手艺”通过标准工作、标准化操作等进行转变，实际上是将个人的隐性知识转变为显性的公共知识，这一转变保证了产品的质量，加快了产品的生产速度，但剥夺了工人的自主性与能动性，剥夺了工人劳动的快乐，使工人沦落为“螺丝钉”，也变相地“占有”了工人的“知识产权”，使整个的知识产权为资方所有。但这个规范化的过程是一个很“辛苦”、很“费时费力”的过程，对于很多企业而言，资方在这方面投入的耐力与财力也是不能保证的。

第四，科学管理虽然涉及群体内的分工与合作、资源的配置等相关的工作与方法,但其目的仅仅是提高生产一线的工作效率,并没有涉及劳方的另一部分人（在当时担任管理者角色或担任监工角色的劳方）如何提高效率，仅仅是提出这些人应该承担“研究工作”的责任，并没有从整个分工与合作的角度来分析问题。

第五，使用差别工资来激励工人努力工作的方式，与以往的“计时”“计件”的差别就是用科学的调查方法，根据实际而不是传统来决定所能完成的“基本标准”任务量，本质上还是计时与计件。从根本上而言，科学管理并没有提出有效激励工人努力工作的方法，而是通过限定工人的工作自由度来提高效率的。

第六，泰勒制是建立在缺乏信任，缺乏对价值、才能和个人尊重的基础上的。

第七，效率的提高并不必然带来工人工资的提高（工人的工资主要是由劳动力的市场价格决定的），也不必然带来商品售价的降低，因此，提高工作效率与工人工资上涨并没有直接关系，与工人可以用更少的钱买到更多的商品也没有直接关系。

第八，企业之间的竞争才是改善工人劳动条件与工资条件的主要因素或者直接因素，而提高效率仅仅是间接因素，也可以理解为市场的作用更大。而市场本身就使得有些企业主不会简单地从长期考虑问题；如果再有政治、社会等因素，那么泰勒暗含的基本假设“企业为长期发展考虑”则是不一定能成立的。但是无论怎么说，整体效率的提升结合市场起到的共同作用，是社会发展的重要力量，甚至是主要力量。

第九，效率的提高只能间接提高工人的生活水平，但整个社会的差距将会进一步加大。

第十，精神革命最严重的缺陷是，效率的提高仅仅考虑到（也）提高了工人的收入，但对于效率的提高带来的利益分享是否公平，却没有任何考虑。如果效率带来的利益基本上由资方占有，公平性就是受到质疑的。利益分享可以不平均，但如果相对公平都不能保证，弱势的一方反对甚至抵制也是正常的。管理方面不应该仅仅通过强弱双方的博弈来进行各种分享，而应该在效率与效果提升的基础上，体现出相对的公平性，甚至公正性。

现在很多基层的职员与高管人员的薪酬差距几十倍甚至上百倍，这样的资源配置分享是否合理？如果不合理，那么基层人员的"磨洋工"等行为也就是反对或抵制的表现，甚至更多的是采取"非暴力不合作"的形式，也就再正常不过了。

当然，可以认为泰勒时代能够考虑到"使人们收入更多、物价更低、劳动时间更少、劳动强度更低、生活更好"的可行解决思路，是符合时代特点的。即使在泰勒去世 100 年后，这种解决思路对世界上很多地方仍然有很强的借鉴意义。当然，在现在来说，仅仅是更好还不够，还要考虑更公平，才符合当今时代的特点。

第十一，泰勒的提升效率，主要是从"如何提高操作者的工作效率以及如何提升工作效果"这方面进行的，从分工与合作的结构方面提升效率的论述很少。现在的研究已经证明，不同的分工与合作方式，其效率也是不同的。对于工作过程有效性的提升，人们容易理解；对于通过分工与合作结构提升有效性，相对难以理解，并且研究的难度也更大。

当然，上面的分析不是否定泰勒制的"伟大"，而是说明泰勒制的局限性。

## 六、泰勒其他方面的贡献

第一，使效率、效果的提高成为一门学问，使快速提高生产率成为可能。

第二，颠覆了学徒制。培训制（快速培训）是使生产效率提高的捷径。在培训方法的改进上，其影响是不可估量的。

第三，标准化的操作使考核和控制成为可能。

第四，工资制度与激励的研究。

第五，对成本控制的研究以及对成本会计的影响。

第六，写作与传播（讲课和演讲）管理，做管理顾问。

总的来说，泰勒给他那个时代以及我们这个时代留下了不可磨灭的痕迹，是管理思想演进过程中一个重要的时代领路人，被后人称为"科学管理之父"。

可以这样说，管理理论是以“提高效率”为出发点的，也就是说，管理的第一粒种子就是“提高效率”而不是“管人”。如果说管人，我们具有“把跳蚤管成蚂蚁”的水平，根本无须学习。看看现在的学生直接质疑教师与教材的情形几乎没有，那种外在表现出的顺从和安静，就足以证明我们“管人”已经深入文化，根本不需要通过大学的课堂进行教育。

分工促使管理思想产生，从管理思想到管理理论，第一块基石就是“提高员工工作效率”。从这一点上而言，那些不是在做“提高效率”的人们，不论其职位是什么，其工作内容也许并不包含管理。泰勒认为管理是研究工作该如何做，而不仅仅是安排工作或下达指令。

## 第三节　其他早期效率主义者

### 一、亨利·劳伦斯·甘特

亨利·劳伦斯·甘特（1861—1919）发明了“完成任务发给奖金”制。根据这种制度，如果工人每天完成了分配给他的全部工作，他每天将得到 50 美分的奖金。甘特后来发现，除了达到标准外，这个制度起不到什么激励作用。为了克服这个缺点，他修改了制度，规定工人如果在规定时间内或在少于规定的时间内完成任务，他们除了可以得到规定时间内的报酬外，还能按该时间的百分比获得另外的报酬。例如，一个工人在 3 小时内做了 3 小时的工作，就可以得到 4 小时的工资。

此外，甘特还实行了对工长的奖励。如果一个工人达到标准，工长就可得到一笔奖金；如果所有的工人都达到标准，他还会得到额外的奖金。甘特认为，给工长这种额外奖金是为了“使能力差的工人达到标准，并使工长把精力用在最需要他们帮助的那些人身上”，这有助于鼓励管理者培养下属。这是第一次有记载的试图把教工人们学会最正确的方法同工长的经济利益结合起来的行动。他认为，奖金制度会使工长从“监工”变成下级的指导者和帮助者。通过传授和教育，随后再通过提高生产效率，而把关心生产转变成关心工人，这就使甘特的著作《劳动、工资和利润》变成了早期人类行为思想的一个里程碑。甘特在他的著作中说：“我们做任何事情都必须符合人心，故我们不能强迫人们干活；我们必须指导他们的发展。”甘特对工长奖励是对管理者（工长）间接贡献的衡量。

无论是“完成任务发给奖金”，还是“对工长的奖励”，甘特的思想都体现了对效率的高度关注，并致力于对效率的提升。

工业的习惯。在对工人的教育方面，甘特认为，工长不应该仅仅提高工人的技术和增加工人的知识。甘特为工业教育增加了一项被称为“工业的习惯”的新内容。这些习惯就是勤劳和合作的习惯，这些习惯有助于获得其他知识。但是这就要求同过去决裂，过去的总政策是强迫，但是压力的时代必须让位给知识的时代，教育和引导将有利于一切有关的人。必须向工人传授的习惯是“迅速和尽最大努力去完成要他完成的工作”。

“新机器组织”。甘特认为，成为新领导的应该是工业工程师，而不是金融家，也不应是劳工领导人，因为只有工程师才能处理创造财富的美国的生产问题。这些工程师应该是领导美国的受过教育的优秀人物，他们关心的不是利润，而是强调生产效率。甘特成立了一个名叫“新机器”的组织，其成员包括工程师和其他一些企图谋求经济权力和政治权力的持同情态度的改革者。

## 二、吉尔布雷思

弗兰克·邦克·吉尔布雷思（1868—1924）长期从事动作研究与疲劳研究，力图精简动作、降低疲劳、提高生产率，因其在动作研究上的成就，被后人誉为“动作研究之父”。他先后出版的《现场法》《混凝土法》和《砌砖法》，使建筑业体制化。他扩大了对动作和疲劳的研究，开创了“分解动作”的研究：把最基本的动作的细小分解动作列出一张表来；利用电影摄影机和灯光进行动作研究。这些研究以及所使用的技术的目的集中在如何消灭工业中的浪费。

吉尔布雷思同泰勒一样，最终得到的都是工人的愤慨和反对（主要原因是工人认为更高的效率是对他们更大的剥削）。

吉尔布雷思认为秒表对他的研究来说并不是一个必不可少的东西，他研究的只是动作。他的“动作研究”和泰勒的“工时研究”都与秒表相关联，因此在管理发展史上，也称这段时间为“秒表时代”。

# 第六章 管理学在企业计划统筹中的实践

## 第一节 企业计划制定

在企业计划工作中，计划的编制具有关键地位。一套合理的计划，能够把企业发展的战略目标转化为实际工作。因此，计划的制定具有重要的意义。

### 一、企业计划制定的要求与难点

计划作为企业经营管理工作的起点，必须加以科学、合理地制定，使其不仅能够知道人们为实现未来目标而努力，而且能够指导人们为完成眼前的任务而进行操作；不仅具有促进工作开展的推动力，而且具有落实工作要求的执行力。为此，需要明确制定计划的要求，解决计划工作的重点，使计划工作具有正确的方向。

#### （一）计划制定的要求

制定计划的目的，是使各项工作有序、高效地进行。在企业经营管理职能中，计划工作具有特殊的功能，能够保证企业成员适应环境的变化，为实现企业目标而协同努力。与此相应，制定企业计划必须符合一定的标准。

#### （二）计划制定的难点

为了把战略目标转化为实际行动，促进各项工作的有序进行，企业计划必须解决一系列问题。这些问题中的难点在于，如何处理长期目标和短期任务之间的关系，寻求理想与现实之间的平衡，使工作计划与情况变化衔接起来。

### 二、企业计划的编制

在企业计划工作中，计划的编制具有关键地位。一套合理的工作计划，能够把企业发展的战略目标与当前的实际工作任务衔接起来，使生产经营的各项工作按部就班地进行。因此，加强计划编制工作的管理，是计划管理的起点。为此必须把握计划编制的步骤，明确制定计划的依据，进行企业目标的分解，设计业务工作的指标。

### （一）计划编制的步骤

计划编制主要包括设定目标和制定计划两个步骤。

#### 1. 设定目标

如果没有目标，计划就没有意义。目标的设定，是计划可行性的首要要求，对于企业来说，设定目标的第一步是必须回答若干基本问题：①企业的战略目的是什么？②谁是企业的“顾客”？③他们需要什么？④我们如何满足他们的需要？⑤哪些是我们的优势？⑥哪些领域需要改进？⑦我们希望变成什么样？⑧在实现目标时，哪些流程、环节或部门是关键贡献点？

在设定目标之后，第二步要考虑实现目标的可能途径，把任务落实到部门和员工上。对部门的关注也必须回答若干问题：①为了实现目标，企业各部门需要做出什么样的贡献？②在实现目标时，哪些是关键部门？③关键部门如何行动，才能保证企业战略目标的实现？

对员工的关注也必须回答若干问题：①员工需要具有哪些知识和技能？②员工对完成企业使命有多大动力？③员工面对挑战是否能从容应对？④员工对于干部培训的态度如何？⑤员工是否有团队合作精神？

上述这些问题的答案对于实现计划的方式有着至关重要的影响。因此，为了有效地实现一个目标，就必须明确定义目标，确定实现目标的路线，按照路线落实工作任务。

#### 2. 制定计划

通常，定义目标、确定路线、落实任务的过程，也就是制订计划的过程。一般而言，工作计划由十个部分组成：①得到清晰定义的目标；②对于目标设定原因的明确说明；③管理层对目标的赞同和支持；④找到实现目标最直接、最有效的方法；⑤向员工传达有关目标的情况，并向他们征求实现目标的最佳方案；⑥确保员工知道他们工作的原因，明白自己对于目标的实现负有什么样的责任；⑦为实现目标建立明确的工作日程表；⑧制定备用措施的计划，以便在出现问题时采取行动；⑨在员工的能力范围内进行任务分派；⑩确立工作测评标准，以测量、评价目标完成进度。

在计划编制过程中，必须对上述问题进行充分探讨和反复研究。一种思路可以激发出另一种思路，通过不同思路的碰撞使不同方案得到权衡、不同方法得到比较、不同想法得到统一、不同可能性得到考虑。这样制定出来的计划方案，才可能是成熟的方案，才能得到顺利实施。

### （二）计划制定的依据

计划制定的关键在于如何把战略目标与资源配置结合起来，为企业实现目标提供必要条件和可靠的基础。因此，计划制定的基本依据是企业使命和资源条件。

#### 1. 企业使命

企业使命就是要回答企业是干什么的和应该干什么的问题。明确使命是企业计划的基础，要在对企业使命界定的范围内制定详细发展计划，否则企业的活动就会像一盘散沙，无法形成合力。而认真审视使命正是企业高层管理者的首要职责，他们需要将使命明确阐述出来，从而指导企业日常的经营活动。

#### 2. 资源条件

企业资源条件是指企业能够用于实现经济效益的要素条件。随着企业发展和知识经济的到来，企业资源条件也在变化和拓展，其中最主要的内容，可以概括为人力、财力、物力、时间、信息、制度、品牌、渠道、关系等。

### （三）企业目标的分解

在计划制订过程中，如何把企业目标分解到各部门和每位员工头上，建立有序的分工协作体系，是一个中心问题，涉及整体与局部、组织与个人之间的复杂关系，必须着重处理。

#### 1. 目标分解的要求

第一，目标分解应按整分合原则进行，也就是将总体目标分解为不同层次、不同部门的分目标，各个分目标的综合又体现总体目标，并保证总体目标的实现。

第二，分目标要保持与总体目标方向一致，内容上下贯通，保证总体目标的实现。

第三，在目标分解中，要注意到各个分目标所需要的条件及其限制因素，如人力、物力、财力和协作条件、技术保障等。

第四，分目标之间在内容与时间上要协调、平衡并同步发展，不影响总体目标的实现。

第五，各分目标的表达也要简明、扼要、明确，有具体的目标值和完成时限的要求。

2. 目标分解的方式

（1）指令式分解。指令式分解是指分解前不与下级商量，由企业领导者确定分解方案，以指令或指示的形式下达。这种分解方法虽然容易使目标构成一个完整体系，但由于未与下级协商，对下级承担目标的困难、意见不了解，容易造成某些目标难以落实下去的情况，更由于下级感到目标是上级制定的，因而不利于调动下级工作的积极性和能力的发挥。

（2）协商式分解。协商式分解是指上下级对目标的分解和落实进行充分讨论，尽量取得一致意见。这种协商容易使目标落到实处，也有利于下级积极性的调动和能力的发挥，但取得统一意见的成本较高，时间较长。

3. 目标分解的途径

第一，按时间顺序分解，即制定出目标实施进度，以便于实施中的检查和控制。这种分解形式构成了目标的时间体系。

第二，按空间关系分解，其中又包括两种不一样的分解：一是按管理层次的纵向分解，即将目标逐级分解到每一个管理层次，一直分解到个人；二是按职能部门的横向分解，即将目标项目分解到不同职能部门。

工作目标如能按时间关系和按空间关系同时展开，形成有机的、立体的目标体系，不仅能使各级管理人员和每个人对整体目标一目了然，而且能明确各部门或个人的目标在目标系统中所处的地位，有利于调动人们的积极性、主动性和创造性。

4. 目标分解的策略

目标分解策略是制定、实现目标的具体措施。对策展开在目标分解的基础上进行。只有将目标展开，使各层次的目标都有实现的措施，并在实施中落实这些措施，才能保证目标的实现。通常，对策展开过程中必须满足以下要求。

第一，对策的针对性要强。要在分析现状和目标的差距，找出产生差距的主要问题及其主要原因的基础上制定对策，使对策紧紧扣住主要问题，才能有的放矢地缩短现状与目标之间的差距。

第二，对策要有力。对策的有效性不在数量多，而在于有力。

第三，对策要明确、具体，以便实施和控制。

在对策展开的基础上，应编制对策展开表，使问题、对策清晰，并明确实施方法、实施时间和责任者。

### （四）计划指标的确定

工作计划必须具体、明确、可操作，这是通过一系列指标来实现的。计划指标是对工作目标、任务要求和关键成功因素的集中刻画——通过计划指标的引导，能够帮助人们抓住关键环节，并做出合理的工作安排，从而提高工作的准确性与有效性。因此，企业合理地制定工作指标，是计划工作的落脚点。

## 三、企业计划编制的方法

### （一）甘特图法

甘特图是在 20 世纪初由美国人亨利·甘特开发的，这是一种直观地描述计划的线条图。甘特图内在思想简单，即以图示的方式通过活动列表和时间刻度形象地表示出任何特定项目的活动顺序与持续时间；基本上是一条线条图，横轴表示时间，纵轴表示活动（项目），线条表示在整个期间计划和实际的活动完成情况，它直观地表明任务计划在什么时候进行，及实际进展与计划要求的对比，由此管理者可便利地弄清一项任务（项目）还剩下哪些工作要做，并可评估工作进度。

### （二）滚动计划法

滚动计划法是企业用来编制长期计划的一种简单、有效的计划方法。这种计划方法的好处在于：长期内的很多不确定因素无法被准确预测，此时借助滚动计划法，在制定计划时可以把长期计划、中期计划和短期计划结合起来考虑。与当前距离越近的计划内容越详细，与当前距离越远的计划内容越粗略。就某个时间点来看，这个时间点之后的计划随时间跨度的增大而愈来愈模糊。这样看来，长期计划就不可能制定得像短期计划那样具体，只能随着时间的推移而逐渐修改计划，以适应不断变化的客观情况。

滚动计划法根据当前企业计划的执行情况以及客观条件的变化，对将来的计划进行修订，其优点在于最终执行的计划能够按照最近的信息来制定。一定时间跨度的计划在定期修订的基础上不断向前延伸，相当于计划随着时间推移，向前滚动。滚动计划法保证了计划能够尽量及时地根据环境变化进行修改，使计划保持一定的弹性，以适应环境的变化，改善每一阶段计划的实施效果，从而提高企业的应变能力和学习能力。

### （三）标杆基准法

标杆基准法是20世纪80年代以来被发达国家日益重视的一种计划方法。标杆基准法是企业将自身的关键绩效行为与最强的竞争对手和行业中领先的企业的关键绩效行为进行比较和评价，分析这些领先企业的绩效形成的过程和原因，并在分析结果的基础上建立企业发展的工作绩效标准及绩效改进的最优策略与方法。由此，这些领先企业就成为标杆企业，它们的绩效标准就成为一种基准。标杆的选择应当遵循四项原则：第一，标杆企业应具有卓越的绩效，至少应该是具有最佳实践的行业领先企业；第二，标杆的首选范围应当是富有潜力的强劲的竞争对手；第三，应当依据本企业的具体部门和领域的特点来选择相应的标杆企业的部门和领域作为基准；第四，选定的标杆与本企业之间一定要有可比性，并且标杆的管理实践是可以被模仿和学习的。

运用标杆基准法开展计划工作的程序大致分为四个步骤：第一，对本企业的各个部门和工作环节进行细致的诊断，找出目前问题的症结所在。第二，选择合适的企业和企业部门作为标杆，分析本企业与标杆企业在相应的领域和环节存在的差距。第三，探寻标杆企业的关键成功因素。一个领域和环节的突出业绩可能来自多方面的资源和能力优势。这些优势都可能是成功要素，但对于模仿者和学习者来说，主要是领会在标杆企业中，其经营者的决策水平和指挥能力。第四，参照标杆企业的关键成功要素，结合本企业的特点和条件，设定本企业期望达到的基准，根据基准确定企业目标和目标实现路径，并形成计划。

# 第二节　企业计划控制

## 一、计划的落实

所谓计划的落实，就是企业把计划确定的指标转化为可操作的工作任务，落实到具体工作人员头上，保证实际工作按照计划的要求有序进行。在实际工作中，计划的落实需要考虑各个工作环节。

## （一）计划执行人员的管理

企业计划是由执行者去实现的，因此对计划执行者必须进行相应的管理，主要是检查他们是否按计划的要求去做了，有没有完成计划所确定的目标。具体办法是：制定好计划执行者的行动管理表，然后让被检查者先填好自己的工作情况及实际效果，然后由管理人员进行核查，了解其是否有执行计划的行动，以便及时指正。

## （二）计划实施的进度管理

企业计划的进度管理，首先是核查计划进度，一旦发现实际与计划有出入，就要研究对策并设法纠正。具体办法是：用进度表来进行检查、比较。进度表的横坐标一般表示时间，纵坐标一般表示计划完成进度，例如销售额、生产量、实现利润等。

## （三）计划完成情况的公布

企业计划完成的情况是相关人员都需要知道的，当计划完成情况和计划执行人员有利害关系时，更是如此。随时公布计划的完成情况，可以使完成得好的部门和个人受到鼓舞，使完成得差的部门和个人受到鞭策，从而及时掌握情况，及时采取对策。

## （四）用月报告监控工作业绩

在日、周控制的基础上，应用月报告来控制业绩，使之和计划的差距尽可能缩小，这是保证计划贯彻实施的又一措施。月报告一般采用图表和文字说明并用的办法。月报告以月为单位，所以有足够的时间来显示一月中的数据变化。企业也可以进行不同年份同月情况的对比，在图表旁边用文字进行说明，能明确指出存在的问题。图表和文字的配合使用，不仅可以掌握当时的计划进行情况和趋势，而且可以追究计划未能完成的原因。

## （五）用图表分析工作问题

在计划管理工作中，图表分析是运用十分广泛的一种办法。通过图表的制作与分析，可以直观地看到计划的执行情况，以及计划执行过程中存在的问题。销售计划、生产计划、成本计划等，所有可以用数量指标表示的计划，企业都应该用图表来进行经济与技术分析。

### （六）建立完善的报表体系

反映计划完成信息，需要一系列书面报告、书面材料和各种表格，简而言之，需要通过一系列企业计划报表来反映，这就是所谓的报表体系。在报表体系中，报表项目因企业特点而有所不同，但资产负债表、损益计算书、成本报告书等报表是每个企业必须要有的。通过正确地运用报表，可以使计划得到严密的监控。

## 二、计划的检查

在企业计划实施的过程中，检查是不可缺少的环节，通过检查计划实施情况，可以及时发现和解决问题。再好的计划也只能近似地反映客观过程，很多潜在的因素和意外情况是很难被估计到的。此外，计划在执行过程中的偏差也常常会发生。因此，必须经常检查计划的执行情况，一旦发现问题就及时加以改进。

### （一）计划实施过程的检查

检查计划执行情况的方法多种多样，概括地说，大致可以分为定期检查和追踪检查。

#### 1. 定期检查

定期检查通常是在计划期结束时进行，如月终检查、季终检查、年终检查等。这种检查比较全面，可以对检查结果进行详细分析，总结经验，指出完成计划的有利因素和不利因素，提出解决问题的办法，为下一个计划期创造有利条件。

#### 2. 追踪检查

所谓追踪检查，就是对计划工作情况进行全程监控，及时发现问题和解决问题。在计划检查中配合高效率的追踪，能够大大提高工作效率。

计划的追踪应尽可能正确地掌握“计划值”与“实际值”之间的差异，并做详细的分析。一般而言，计划值与实际值之间的差异种类主要包括两种：①差异原因可以确定，即便差异原因无法确定，但可以推定；②差异原因无法确定且难以推测。对差异类型详细分析之后，企业各部门应针对该项原因研究改进办法，并在定期追踪报告中提出具体可行的解决策略。

追踪方式非常灵活，常用的最重要的方法有两种，即非结构性追踪和结构性追踪。前者对所负责的计划进行不定期检查，以寻找问题、分析原因、提出对策，而后者实际上是指对计划的定期报告。因为报告是连续的、成系列的，所以被称为追踪检查。

### （二）计划完成情况的评价

计划评价是指从一定标准出发，对计划的实施结果做出价值认定，这是保证计划得以实现、激励员工积极性的基本办法。通常，可以用公式来说明评价工作的意义：

计划效果 = 计划能力 + 实施能力 + 追踪能力 + 评价能力。

一般来说，计划评价具有以下意义：

（1）对企业计划的推行成果予以认定。

（2）提高各责任单位彼此间的竞争性。

（3）评价结果可作为年终考绩的依据。

（4）评价结果可作为下次计划的参考。

由此可见，计划执行过程中若能予以合理的评价，能产生相当的积极作用，有助于企业计划的顺利推行和不断改进。

## 三、计划控制的方法

### （一）控制的含义

计划与控制，紧密相连在所有企业的管理职能当中。控制与计划的关系最为密切。为实现企业目标，必须设定实现计划目标的路径和程序，同时，为控制计划提供参照标准和依据。为确保计划的实施过程和实施效果不偏离原定计划，并且能够达到预期目的，就需要对计划的实际执行过程进行检查和监督。将计划执行情况与计划、标准相对照，发现偏差后及时分析偏差原因并予以纠正，使计划执行过程与计划标准保持一致，或者对原定计划和标准进行修改，以确保计划目标的实现。

从计划与控制的关系中不难发现，企业管理过程中的一项关键工作是负责监督和检查管理工作的各项活动，以保证这些活动按计划进行，并精准纠正各种可能出现的重要偏差。具体来说，控制是为了确保企业目标的实现，以及为此而拟订的计划能够实现管理者根据事先确定的标准和发展需要而重新拟订的标准，对于企业的各项工作进行有效衡量和客观评价；同时，在出现偏差时进行纠正，以防止偏差继续发展和以后再度发生。在执行计划的过程中，根据企业内外部环境变化和发展的需要，对原计划进行修订和制定新的计划，以此对企业整个管理工作的过程进行纠错和调整。

### （二）控制的重要性

控制在企业管理中是非常重要的，决定了有效的控制是实现企业目标和确保企业绩效的重要手段。因此，为实现企业目标实施有效控制是非常必要的。

#### 1. 确保预期目标的最终实现

为了确保实现预期目标，必须使最终目标与企业目标相一致。控制与计划是紧密联系的，企业计划所包含的行动方案是按照企业总目标指导下的各个分目标制订的，企业各级控制活动对各级行动方案的实施过程进行检查和监督，发现问题，及时纠错，确保实际行动路径与目标计划保持一致，或至少使偏差在可控范围之内，且不会影响企业目标的如期实现。

#### 2. 及时、准确地提供反馈信息

反馈信息在控制过程中具有极其重要的作用。对实际情况进行检测的目的是获取准确的反馈信息。根据信息内容判断目标的实施过程是否偏离了既定标准，若有偏离，就要采取纠正行动，通过纠正行动来保持实际运作与目标要求一致。由此可见，控制的直接目的是获取来自受控对象的反馈信息，最终目的是保持企业的稳定运行状态，控制的基础仍然是反馈信息。

#### 3. 及时解决计划实施过程中出现的问题

计划实施过程中出现的问题，大致可分为两类，一类是反复出现的常规问题；另一类是从未出现过的新问题。这两类问题都要依靠控制手段进行解决，所不同的是解决方式存在差异。对于常规问题，通常预先设计控制模式，可以及时解决出现的问题，可以在准确了解问题本质的前提下，预防此类特定问题的发生；对于新问题，应该在问题发生后及时进行应急控制，防止突发问题影响计划实施。

### （三）控制的方法

企业管理中的控制工作，包括多方面的内容。对不同的控制对象，需要采用相应的控制手段，这就导致各种具体的控制方法的产生。

#### 1. 预算控制

所谓预算，就是用数字形式来编制未来某一时期的计划，系用财务数字和非财务数字来表示预期结果。西方国家与我国惯用的“预算”概念有所区别：西方

国家的“预算”概念是指用计划的数量来说明；我国的“预算”概念一般是指经法定程序批准的政府部门、事业单位和企业在一定时间的收支预计，大多以金额形式出现。

2. **审计控制**

审计师对反映企业资金运动过程及其结果的会计记录和财务报表进行检查和审核，判断其真实性和可靠性，从而为控制和决策提供依据。根据审查主体和内容的不同，可将审计分为外部审计、内部审计和管理审计。

# 第三节　企业战略统筹

## 一、战略统筹内涵

企业战略统筹管理是管理学科的一个重要的分支。20 世纪 70 年代，战略统筹管理已成为一门体系比较完整的学科。企业最高层次的管理就是战略管理。

### （一）战略的概念

1. **战略的含义及要素**

（1）战略的含义

在我国，“战略”一词自古有之，“战”指战斗和战争，“略”是指谋略、计谋、策略。在西方，“战略”一词来源于希腊文“strategos”，它的意思是将军指挥军队的艺术和科学。将战略引入企业管理当中，目前尚无统一的定义，不同的学者和经济人员给战略赋予了不同的含义。

战略是目标、意图、目的，以及为达到这些目的而制定的主要方针和计划的一种模式。战略是组织目前的或计划的资源配置与环境相互作用的基本模式，表明企业如何实现自己的目标。战略的内涵涵盖五方面，即“5P”：“plan”，活动前制定的战略是一种计划；“ploy”，作为威胁和战胜对手的手段，战略是一种计谋；“pattern”，战略是一种模式，体现为一系列的行为；“position”，战略是一种定位，确定有别于又优于对手的竞争地位；“perspective”，战略是一种观念，体现战略家对客观世界固有的认识方式。

（2）战略统筹要素

战略统筹，尤其是企业的战略统筹必须清晰地反映以下四方面的要素。

一是经营范围，即企业从事生产经营活动的领域，是企业家根据自己所处的环境即具有的实力，确定的当前和未来的发展行业，以及在该领域从事生产经营活动的范围，如进入汽车行业生产汽车配件。

二是资源配置，是指企业过去和目前资源与能力的配置水平和模式。资源的配置水平的高低和配置模式的合理性是保障企业生产经营活动获得成功的重要保证。因此，企业在根据外部环境变化而采取相应战略的时候，都要对资源配置进行调整，以支持战略的实施。

三是竞争优势，是指企业通过经营范围的决策与一系列要素或资源的配置，所形成的不同且领先于竞争对手的竞争地位。

四是协同作用，是指企业从资源配置和经营范围的决策中能寻求到的各种共同努力的效果，使企业总体资源的收益大于部分收益之和，即产生乘数效应。企业可以从投资、作业、销售和管理四方面产生协同作用。

#### 2. 战略的内容构成

战略按内在的逻辑联系，其内容构成一般包括以下五部分。

（1）战略思想，是指在企业活动过程中形成的各种关系的观念和准则。

（2）战略目标，是企业要达到的成果水平，包括企业的发展愿景、近短期及中长期的产品质量与数量水平等。

（3）战略布局，就是针对战略目标所做的时间、空间、产业或者项目上的部署。

（4）战略任务，即围绕着战略目标和布局应该完成的主要任务。

（5）战略对策，是指完成战略任务的具体途径、方法和手段。

战略内容构成是否清晰、明确，关系到所制定的战略能否真正起到统领全局、指导企业各项活动有效进行的作用。

### （二）战略的地位和作用

#### 1. 战略的地位

战略统领企业全局的行为，关系到企业未来的生存与发展，是企业最高管理者的中心活动，是整个企业最高层次的管理活动。

#### 2. 战略的作用

战略能使一个企业更加具有前瞻性，变得更加主动，而不那么被动；能避开同质竞争，提高模仿难度，提升价值创造；能够促进内部沟通，形成上下共识，吸纳各方智慧，形成思想协同，产生乘数效应，从而使企业持续发展壮大。

## 二、战略分析

企业是一个以“多元利益共存为原理”的投入、转化、产出系统，它的活动受其内部和外部的影响。因此，只有知己知彼，对企业的外部环境和内部环境进行分析，才能制定出正确的战略。

### （一）外部环境分析

#### 1. 一般环境分析

一般环境分析主要是确认和评价政治、经济、社会文化、科技、自然等因素对企业战略目标和战略选择的影响。

（1）政治环境。政治环境是指对企业经营活动具有现实作用与影响的政治力量、政治制度、体制、方针政策，同时也包括对企业经营活动加以限制和要求的法律和法规等。

（2）经济环境。经济环境就是指一个国家或地区的经济制度、经济结构、经济类型、经济发展水平、消费结构与消费水平，以及未来的发展趋势等。

（3）社会文化环境，社会文化环境包括一个国家或地区的社会性质、人们共享的价值观、文化传统、生活方式、人口统计特征、受教育程度、风俗习惯、宗教信仰等各个方面。

（4）科技环境。企业的科技环境是指企业所处的社会环境中的科技要素以及与该要素直接相关的各种社会现象的集合，包括国家科技体制、科技制度、科技水平和科技发展趋势等。

（5）自然环境。自然环境是指企业所处的生态环境和相关的自然资源，包括土地、森林、河流、海洋、生物、矿产、能源、水源、环境保护、生态平衡等方面的发展变化。

#### 2. 行业环境分析

行业是企业生存发展的空间，也是对企业生产经营活动产生最直接影响的外部环境。行业环境分析主要是对一个行业的经济特性和竞争结构的现状及其发展变化趋势进行分析。

### （二）内部条件分析

**1. 资源分析**

企业的经济活动必须建立在自身拥有丰富的资源的基础之上。所谓资源，是指企业所控制或拥有的有效要素的综合。企业资源根据是否容易辨识和评估，可分为有形资源和无形资源。有形资源包括财务资源、实物资源、人力资源、组织资源；无形资源包括创新能力、声誉、品牌商标、专利、专有知识、商业机密、人脉关系等。

通常，资源的分析主要包括四方面：一是分析现有资源，分析目前企业拥有的资源和可能获得的资源，列出资源清单；二是分析资源的利用情况，原则上运用投入产出比率进行分析；三是分析资源的应变力，一旦战略环境发生变化，分析企业资源对环境变化的适应程度；四是资源的平衡分析，根据企业经营现状和发展趋势，分析企业各项业务对资源的要求、余缺以及可能采取的调节措施。

**2. 能力及核心能力分析**

企业能力是指企业整合内外部资源，使价值创造不断增加的技能。一般而言，资源本身并不能产生竞争能力，竞争能力源于对多种资源的特殊整合。企业能力包括企业投资融资能力、技术研发能力、生产管理能力、市场营销能力、组织管理能力和企业文化影响力等。能力分析就是分析这些能力对构成企业竞争力的贡献程度。

通常，企业核心能力的组成因素包括四方面：一是全体员工的知识和技能的水平与结构；二是企业的技术体系，包括技术的硬件体系和软件体系；三是企业的管理体系，包括企业的管理思想、管理理念、管理方式、管理手段等；四是企业文化，企业文化是核心竞争力的重要组成部分，也是竞争对手最难模仿的。

分析企业核心竞争力，就是分析企业哪些能力的构成要素能持久地产生竞争优势。判断产生持久性竞争优势的能力的标准包括价值性、独特性、难模仿性和不可替代性。

**3. 经营状况分析**

经营状况分析就是从价值创造方面对企业最近的表现进行分析与评价，包括财务和非财务两方面的评价。分析方法主要有趋势分析法和基准分析法两种。前者的计算主要是基于时间的变化率，和以往的经营状况相比较；后者与本行业的平均水平、主要竞争对手或既定目标进行比较。

4. 经济效益分析

经济效益是指企业在生产某种产品或服务的过程中，随着累计产品产量的增加，生产单位产品的成本下降。经济效益的获得并非与企业规模有必然联系，无论规模大小，都可以从经济效益中获益，其主要来源有劳动生产废渣率的降低、分工与工作方法的重新设计、采用新的工艺等。

经济效益的分析就是分析企业所经营的业务经济效益是否明显，以及挖掘经济效益来源的可能性。

## 三、目标设定与战略选择

### （一）战略目标设定

目标就是企业打算实现的东西，而战略就是实现企业所设定的目标的途径。战略目标是用来推动并指导企业行动的指针。战略目标是在既定的企业使命的基础上，企业在一个规定的时间内所希望达到的业绩水平及业绩标准。

1. 企业使命

所谓企业使命，就是指企业在社会进步和社会经济发展中应扮演的角色和承担的责任，即企业存在的理由。通常，企业使命一般体现在企业哲学和企业宗旨两方面。

（1）企业哲学。企业哲学是指一个企业为其经营活动或方式所确定的处理各种关系的指导思想、基本观点和行为准则，它是企业责任的反应。

（2）企业宗旨。企业宗旨是指企业将来应从事什么样的事业活动，以及应成为什么性质的企业或者组织类型。企业宗旨能体现企业充当的角色，如果没有明确的宗旨，就不可能制定出清晰的战略目标和实现目标的战略。

2. 战略目标

通常，战略目标按时效性不同分为愿景目标、长期目标和短期目标。

（1）企业愿景目标。企业愿景目标是企业对未来使命达成时的景象的展望，即希望企业将来发展成什么样，是梦想及前瞻性的思考，是对未来想象的概念化，可以起到调动激情、鼓舞奋进的作用。

（2）企业长期目标。企业长期目标是指 3 ～ 5 年间的目标。企业长期目标概括性地指明了企业发展的主要方向。企业使命与企业活动之间的关系，是设定长期目标的基础。

（3）企业短期目标。企业短期目标是设立一年或者更短期限内的具体业绩指标及水平。短期目标必须是实现长期目标的基础。

## （二）战略选择

可供一个企业选择的战略有若干种。企业究竟应选择哪一种战略或者战略组合？理想的选择是战略应当能够利用外部和市场的机会并中和不利环境的影响，同时也能够充分发挥企业内部的优势以及对自身弱点的改进。

### 1. 战略选择方法

战略选择的方法很多，常用的方法有以下几种。

（1）BCG 矩阵法。BCG 矩阵也叫波士顿矩阵。BCG 矩阵法是由美国大型商业咨询公司波士顿咨询集团首创的一种规划企业产品组合的方法。该方法是通过构建市场增长率和市场占有率指标的两维坐标图，根据企业不同业务市场增长率和市场占有率的高低，选择其战略。问题的关键在于如何使企业的产品、品种及其结构适合市场需求的变化，只有这样，企业的生产才有意义。同时，如何将企业有限的资源有效地分配到合理的产品结构中去，以保证企业的收益，是企业在激烈的市场竞争中能取胜的关键。

（2）GE 九象限法。GE 法又称通用矩阵、行业吸引力矩阵、九象限评价法，是美国通用电气公司设计的一种投资组合分析方法。相对于 BCG 法，GE 法有较大的改进，在两个坐标轴上增加了中间等级，增加了分析考虑因素。运用加权评分方法分别对企业各种产品的行业引力（包括市场增长率、市场容量、市场价格、利润率、竞争强度等因素）和企业实力（包括生产能力、技术能力、管理能力、产品差别化、竞争能力等因素）进行评价，按加权平均的总分划分为大（强）、中、小（弱），从而形成九种组合方格以及三个区域，从而定出各经营单位在总体经营组合中的位置，据此制定出不同的战略。

（3）SWOT 模型法。SWOT 模型法也称 TOWS 分析法、态势分析法，于 20 世纪 80 年代初由美国旧金山大学的管理学教授韦里克提出，经常被用于企业战略制定、竞争对手分析等场合当中。在 SWOT 模型法中，“S”代表优势（Strengths），“W”代表劣势（Weakness），“O”代表机会（Opportunity），“T”代表威胁（Threals）。因此，SWOT 分析法实际上是对企业内外部条件各方面内容进行综合和概括，进而分析组织的优劣势、面临的机会和威胁的一种方法，即对内外部环境因素或力量进行综合分析，根据得出的评价结果侧重在哪个象限来选择相应的战略。

2. 影响战略选择的因素

在多数情况下，企业战略评价过程中通常提供给战略决策者的是若干可行的办法，最终需要决策者考虑多种因素、综合权衡，最终完成决策。这是主观见之于客观的智力判断过程，而这个过程也受到以下几个因素的影响。

（1）企业对外部环境的依赖性。任何企业都生存在它的外部环境里，而环境受股东、竞争对手、顾客、政府和社区的影响。

（2）企业管理者对待风险的态度。企业管理者对待不同风险的态度会导致不同的战略选择，如进攻型战略、防御型战略以及多元化战略等。

（3）企业过去的战略。对于大多数企业来说，过去的战略是战略选择过程的起点，这就导致多数新的战略的选择受到过去战略的影响与限制。

（4）企业中的权力关系。如果一个权力很大的高层管理者支持某一战略方案，这个方案往往就会成为企业所选择的战略，并会得到一致意见的拥护。

（5）中层管理人员。中层管理人员和职能人员由于受到个人视野和所在单位目标、个人利益的影响，他们为战略选择提供的数据资料以及评价标准通常带有一定的局限性和片面性，也会影响到对战略的选择。

了解这些战略选择因素的存在，一方面要正视这些因素的客观存在，另一方面要在战略选择时尽量降低这些因素的影响程度。

## 四、战略的实施

战略管理过程是否成功在很大程度上取决于有效的战略选择，但这并不是战略管理过程的结束。一项精心构思的战略还必须予以实施，或付诸行动，而这常常是战略管理出问题和失败之处。战略实施并非轻而易举的过程，它涉及大量的工作安排、资金和时间。

### （一）战略实施

1. 战略实施的重要性

战略实施就是执行战略目标计划或战略方案，将战略付诸实际行动的过程。制定的战略如果不组织实施，那就只是纸上谈兵或企业高管者头脑中的幻想，既浪费时间，又浪费精力。

一个合适的战略，如果不能很好地实施，也会给企业带来麻烦。优异的战略实施，可以使一个合适的战略取得成功，但一个不合适的战略却可能给企业带来风险甚至使其毁灭。因此，战略制定和战略实施都非常重要。

2. 战略的实施过程

将企业战略转化为战略行动的过程中，必须遵循三个原则，经过四个阶段。

（1）战略实施的原则

①适度的合理性原则。保证在主要的战略目标上要基本达到，即便某些内容或特征有可能改变，但只要不妨碍总体战略目标的实现，就是合理的。

②统一领导和统一指挥原则。战略实施应该在企业高层领导人员统一领导、统一指挥下进行，以保证企业为实现战略目标而卓有成效地运转。

③权变原则。在战略实施过程中，环境的不确定性会导致事情的发展偏离先前的设定，以致既定战略的实现成为不可能，这时就需要及时调整原有战略，即战略实施的权变问题。

（2）战略实施的阶段

①战略发动阶段。这个阶段的主要目的是将企业战略的理想变为员工的实际行动，调动大多数员工实现新战略的积极性与主动性，具体的开展包括培训、宣传、思想政治工作等，扫除战略实施的障碍。

②战略计划阶段。该阶段根据企业不同层次的战略，要编制相应的各种战略计划。工作内容包括分解战略实施阶段、确定阶段目标、制定阶段策略、提出部门措施或策略，并做出相应的时间安排与衔接，以及明确第一阶段目标的具体化和可操作性工作。

③战略执行阶段。战略执行的重点工作主要包括：一是组织调整和资源分配；二是目标分解和任务落实；三是检查监督与过程调控。

④战略评估与控制阶段。在战略实施过程中，可能会出现行为上的偏差或者战略不符合现实环境条件的情况，因此，应及时地反馈实施过程中的信息，采取措施，纠正偏差，或调整战略，甚至重新制定战略，来保证实施成效符合企业发展的要求。

## （二）战略执行

战略执行是战略实施的主线，即执行者对于战略意图的理解和贯彻。提高企业的战略执行力是保证企业战略目标得以实现的关键所在，因此必须从战略、人员与运营三个角度进行努力，其中战略指明了做事的方向，人员是做事的主体，运营明确了做事的方式。

# 第七章　管理学在企业协调中的实践

## 第一节　企业上行的协调

### 一、企业上行协调艺术的基本原则

#### （一）交往要适度

企业任何员工在与上级领导交往时，都要把握适度原则，注意对尊重而不恭维、服从而不盲从、亲近而不庸俗等分寸的把握。

#### （二）尽职尽责尽力而不越位

“越位”对上下级关系有很大影响。下属的热情过高，表现过于积极，会导致领导偏离“帅位”，大权旁落，无法实施领导的职责。因此，在企业日常工作中，下级要明确自己特定的角色，敢于发表意见、献计献策而又不越位。

#### （三）创造性地执行上级领导者的指示

对于一个民族来说，创新是一个民族的灵魂；对于一个企业来说，创新是实现企业目标的不竭动力。有没有创新意识和创新能力，能不能创造性地开展工作，是企业上行协调艺术中需要的原则之一。

由于领导所制定的工作方针、计划、要求一般都是比较笼统的，下级必须在领会这些方针、计划的基础上，结合自身部门的实际情况创造性地开展工作，实施方法创新、技术创新、管理创新、措施创新，以完美的执行力，安全、高速、优质地完成领导布置的任务，这也是下级工作水平、能力的主要体现。在变幻莫测的竞争环境下，企业越来越需要下级“创造性地完成”领导下达的任务，而非一味地“保质保量”。

### （四）善于将自己的意见变成领导者的意见

下级只有善于使自己的意见被领导采纳，意见才会有实现的价值。在如何说服领导者采纳自己的意见上，以下几点是值得注意的。

（1）要掌握不同领导听取意见的特点，采取相应方法反映意见。

（2）要使自己的意见有科学性、可行性，容易被领导采纳。

（3）要选择适当的时间、地点和场合提出意见。

（4）建议中要有几种方案，给领导者预留选择余地。

（5）点出问题的举足轻重，使领导者有紧迫感。

## 二、企业上行协调艺术

企业的上行协调是指下级与上级之间的协调。下级在与上级协调的过程中富有创意的方式、方法和窍门就是上行协调艺术。

### （一）与上级相处讲究气量

企业的所有管理者在管理工作中，不仅上级管理者要有气度，而且下属也应摆正自己的心态。一名好的管理者应该做到虚怀若谷、严于律己、诚恳待人、谦虚谨慎、虚心好学，这些都是有气量的表现，这对协调好上下级关系是很重要的。在与上司相处的过程中，下属应该在很多地方讲究气量。

### （二）做一个守口如瓶的好下属

要想赢得上司信任，一个重要的因素是做一个守口如瓶的好下属，特别是在有保密要求的企业，尤其要做到这一点。

### （三）做一个让上级信得过的下属

下属与上级的关系和谐与否，不仅取决于上司的素质，同时也取决于下属素质的高低。俗话说“一个巴掌拍不响”，如果你遇到素质低下的上司，就难与其建立良好的关系；同样，上司遇到素质低下的下属，也会感到难以和谐相处。在市场经济飞速发展的今天，上司同下属之间同样存在着双向选择，做一个让上司信得过的下属非常重要。

### （四）巧言进谏的艺术

一个好的下属，不仅表现为对上司言听计从，努力完成上司交给的任务，而且表现为善当助手和参谋，给上司出主意、想办法，尤其当上司的决策、指示不符合客观实际，甚至出现失误时，能够通过努力，使上司改变初衷，重新做出符合实际的正确决策。这里，巧言进谏就是改变上司初衷的方法之一。

## 三、企业上行协调的要诀

### （一）和为贵

“和为贵”，这是中华民族的传统道德和哲学思想，因为在所有世俗事物及人与人之间的关系中，归根到底必须追求并趋于团结一致，人类的共同事业才能实现。下属与上级相处，同样也必须坚持“和为贵”的哲学思想，主动与上级在工作上保持一致，在思想上、言行上与上级保持团结，只有这样，才能创造财富、共同发展。我们这里说的“和为贵”的“和”，是指和谐一致的“和”、和平共处的“和”，有此“二和”，世界上还有什么财富不能被创造呢?

### （二）惠为上

下属与上司为了追求共同的事业，才走到一起，所以，互惠互利的需求愿望和实现程度，就构成了下属与上司之间的关系能否和谐的基本框架。在企业管理的实际工作中，下属能否积极、有效地为本部门创造好的工作业绩，是获取上司信任、赢得上司偏爱的首要因素，而上司在管理的过程中，能否给下属以相应丰厚的劳动报酬和应有的福利待遇，是获得下属拥护、增强一个部门凝聚力的基本要素。

### （三）争为下

下属与上司相处，提倡“和为贵”，并不是说一团和气，该争的还是要争的。因为在现实生活中，有些时候，对待有些事情和有些人，如果不坚持基本的是非原则，该争论的不争论，该争取的不争取，我们就会失去应有的尊严和应得的利益。事实上，当我们遇到上司有意刁难时，如果我们不敢为捍卫自己合法的权益而奋起抗争，不仅会丧失自己的尊严和利益，还是一种对社会公德及社会效益的怠慢和亵渎。

所以，下属在与上司的相处中受到不法侵害时，应该进行有理、有力、有节的各种合法形式的斗争，如果你顾虑重重，思前想后下不了决心，结果只能助长品质恶劣的上司更加嚣张的气焰。但是，在现实生活中，品质恶劣的上司是很少的。因此，企业管理者应把“争”作为同上司打交道的下策，就是说不到万不得已时，最好不要采取斗争的形式来与上司见高低、争分晓。

## 第二节　企业下行的协调

协调好与下级之间的关系，是企业取得工作业绩的前提，也是成就大业及向更高层次迈进的基础。在市场经济飞速发展的今天，企业管理者要学会运用高超的技巧，与自己的下级进行沟通。如何协调与下级的关系，在下级面前树立威信，使下级能够和自己为共同的目标奋斗，是一个需要认真研究和严肃对待的课题。

### 一、企业下行协调艺术的基本原则

发展现代化的企业，对于企业管理者来说，上级对下级的协调工作要遵循公正、平等、民主、信任的原则。

#### （一）“亲者”应保持距离

“亲者”是指与企业管理者观点相近、接触较多者。开明的管理者应与“亲者”保持一定距离，这样做有以下几点好处。

（1）有利于团结大多数人。

（2）有利于客观地观察问题，冷静地处理内部关系。

（3）避免因容易迁就“亲者”而陷入泥潭。

（4）利于与下属保持深沉、持久、真挚的关系。

成功的企业管理者，都是以一种超然的、不受感情影响的方式来看待同下属的关系的。管理者应与下属打成一片、赤诚相见，对下属不分亲疏、爱护团结、一视同仁。

#### （二）“疏者”要正确对待

“疏者”是指反对自己或有不同意见者。企业管理者应该看到“疏者”往往是避免自己犯错和工作取得成功的重要因素，因此，要客观、公正地对待“疏者”，应有将“疏者”当作治疗自己各种弱点、缺点的良药的气魄。

### （三）对下级要以礼相待

上级对下级要以礼相待，主要体现在要尊重下属的人格尊严，尊重下级的进取精神，维护下级的积极性、创造性，关心和信任下属，只有这样，才能让下属更心甘情愿地为部门和公司服务，使他们觉得自己是在为祖国的建设事业奉献，而不仅仅是为了生活。自然而然地，员工们的工作态度就能端正，上下级之间的冲突就会少得多。

### （四）公平、公正地处理纠纷

在协调纠纷的过程中，公平是最基本的原则。特别是对下级为维护本部门的局部利益而发生的冲突，更不能带感情色彩。只要做到公平，不计较个人恩怨，双方矛盾就会得到解决。

## 二、企业下行协调艺术

### （一）信任是协调好与下级关系的原动力

信任，是人际交往中的最高奖赏，它使人际交往充满了诚挚的友情。一份信任，胜似千言万语，给人以勇气、信心、温暖与力量。古人早有高论："不宝金玉而忠信为宝。"为什么要强调以忠信为宝？就是为了取信于人。

在企业日常管理中，信任下属是非常重要的。建立起充满信任的上下级关系，是工作获得成功的关键所在。不信任下属，把下属当"阿斗"、当"枪"使，就不可能做好管理工作；信任下属，最大限度地满足下属的胜任感和成就感，可以使下属得到情感上的满足。企业要发展，不仅要有一流的技术员，更要有肯为企业奉献的人。因此，作为一名管理者，要大胆信任那些值得信赖的人，对那些值得信赖的下属要委以重任，让他们独立地开展工作。

毋庸讳言，信任下属，绝不是说可以盲目地不加分析地信任。如果那样，管理者的存在也就显得多余了。信任下属，这是从总体上说的，说的是对于绝大多数的下属，既要信任，又要依靠。

那么，哪些下属是真正值得信任的呢？这只能在实践中寻找，在实际工作中逐步认识和把握。例如，一些刚入行的大学生在企业里实习，在工作中显露出某一方面的才华并取得成绩，领导就应大胆地信任他们、培养他们，使他们逐步成为某一方面的行家里手。又如，有的员工很有毅力和耐力，不轻易改弦更张。那么，对于这样的下属，领导可以充分地授权他们去处理那些棘手的难题，或单独外出执行某项重要任务。

### （二）善于控制自己的情绪

每个人都有自己的个性，都有自己的脾气，特别是在情绪不好时，往往容易发怒，这也是在所难免的。但作为企业管理者，情绪外露和易于发怒都是缺乏修养的表现，这是在协调同下级的关系中必须克服的。

### （三）要善于驾驭下属

伴随着企业的蓬勃发展，企业不乏潜藏着能人和强人。企业管理者在工作中难免会碰到一些“桀骜不驯”的强人，而他们足智多谋，有能力和魄力，同时又锋芒毕露，雄心勃勃，处处透着霸气。这些下属常常提出与上司相反而往往又能显示出他们高明的意见，这使很多管理者面对这类人左右为难：用他们又难以驾驭，弄得不好下不了台；不用他们又人才难得，失之可惜。

俗话说：“水涨船高。”企业管理者应该理解其中的奥妙，不但不要害怕能力强的下属，而且要善于驾驭他们，敢于使用强者不就证明自己更强吗？历史上流传的英雄如刘邦、宋江等，比起他们周围的人来说似乎都是能力一般的，可是他们却成功地驾驭了那些比他们强得多的人才，而且他们的“英雄桂冠”又刚好是借后者的英雄业绩得来的。一位聪明的管理者，应该从历史的镜子中得到经验，下属是水，管理者是船，船哪有怕水涨的道理？下属能力是领导的荣耀，即使不说“领导有方”，至少也可以说是“用人得当”。

不过，水能载舟，亦能覆舟。真正的人才可用，但极难用好。如何同“桀骜不驯”的下属协调好关系，就看管理者的本事了，有效的做法是放手使用，充分信任，为他们提供施展才华的机会和条件，采纳他们的意见，赋予他们解决问题的权力，失败了由自己承担责任，成功了功劳归下属。俗话说：“士为知己者死。”企业管理者若能如此，那些能力强的下属不但不怕功高震主，反而会心甘情愿地服从你的领导。实际上，当下属的能力充分发挥出来时，不但不会降低管理者的威望，反而会提高其威望。对于能力比较强的人，你谦虚一点，尊重他们，反而能令其信服，同时也可以吸引更多的优质人才。

企业管理者必须要认识到，能够驾驭强者的上司才是真正的强者，承认下属比自己强的人并不一定是无能之辈。“能力”有各种各样的解释，但是善于团结人、使用人才是最高超的“能力”。这种人善于借用别人的能力，他们站在巨人的肩膀上，比巨人还高，只有不怕巨人的人，才能比巨人高。企业管理者只有能驾驭真正的强者，才能成为真正的一流企业管理者。

### （四）多沟通，多联络

企业管理者在做决策的时候，尽可能让下级参与决策，这样不但可以提高决策的可行性，同时还是对下级受到领导信任的激励，特别是作为决策参与者，他们会在实施中加倍努力。与此同时，开展合理化建议活动，虚心征求下级的意见，重大事件及时向下级通报，与下级保持经常性联系，都会对激励下级、联络感情、满足下级的心理需要起到积极的作用。

企业管理者切忌在下级之间区分亲疏远近，对少数人“亲”，就意味着对其他多数人“疏”。亲近的可能感情更近，但却不利于对其教育管理，而疏远的则可能在心理上大受伤害，极不利于企业的团结和稳定。在尊重、关爱下级的同时，管理者也必须从严要求，维护企业的权威与秩序，首先要塑造“严”“爱”结合的自身形象，使下级对你既有尊重又有敬畏。对于维护企业的团结来说，管理者自身的权威是至关重要的。其次，管理者要奖惩分明，形成极具影响力的奖惩效应。只有科学而严格的奖惩制度才能让企业变得更加壮大。

## 三、企业下行协调的要诀

### （一）平易近人，公正调控

企业管理者与下级发生冲突后，最忌讳的就是不公正地对待自己和别人，不公正地对待持不同意见的下属，甚至在晋升、调资、调动、住房等问题上做文章，搞小动作，滥用权力。这种做法完全违背了管理者处理同下级关系的基本原则，其效果和社会影响是极坏的。

公正是正确调控上级与下级冲突的前提。作为一名企业管理者，应克服个人主义，抑制权力膨胀的欲望，把下级放在与自己平等的地位上，认真思考冲突的实质和根源，努力在批评和自我批评上下功夫，只有这样，才能找到调控冲突的措施和办法，将消极的冲突导向积极的合作。

### （二）发扬民主，尊重下级

企业管理者与下级发生冲突后，由于大权在握，本可以“随意”制裁和处理下级，但这样做只能暂时压服对方，抑制冲突，却无法从根本上协调上下级关系。

作为下属，在发生冲突后可能会认为既然矛盾已发生，脸皮已经撕破，就不存在谁怕谁了。这时如果管理者不肯屈尊降贵、及时和解，那么上下级关系肯定会日益恶化。

企业管理者与下级之间只是分工的不同，在法律和人格面前是平等的。下级有权利提出自己的意见和建议，对此管理者不应压制，而应给予支持和鼓励。调节与下属的冲突，如同大禹治水，拦河筑坝不是全策，只有疏导分流才能长治久安。

### （三）有效沟通，方法得当

彼此沟通不及时，是协调者与下级冲突的重要原因之一。往往可能是只有一方面的努力，而对方却意气用事、消极对待，待对方醒悟再寻求弥补时，这一方又心灰意冷、另生别念。于是，一头热变成两头凉，旧的芥蒂没有解开，新的怨恨又增加了，越闹越僵，难以收拾。企业管理者作为上级处于主动地位，不管谁对谁错，都要抓紧时间，主动沟通，把事实说清楚，能马上消除误会与隔阂最好，不能消除，也可以慢慢化解。因此，冲突发生后，首先就是要加强沟通，摸清情况，应根据具体情况选定沟通的方法。沟通方法有直接的，也有间接的；有一对一的，也有集体的；有正式的，也有非正式的；等等。

### （四）得理让人，是非清楚

对于有时确实因下属失误而引发的冲突，企业管理者却得理不让人，恨不得治得下属永远不能翻身，这显然是不对的。当下属有了过失，严格批评教育是对的，但在方式方法上未必非要“大杀大砍”，能商量解决的问题，就不要板起冷面孔；单独可以处理的问题，就不要小题大做，弄得尽人皆知。科学、有效的做法是通过提醒、暗示等方法，促使下属发现并改正错误，这样不仅解决了问题，协调了关系，还顾及了下属的情面，有利于发挥和调动下属的积极主动性，更重要的是使之吃一堑，长一智，提高处理问题的能力和自觉性。当然，“让”也要看问题的实质，原则问题无论如何不能让。企业管理者应该是非清楚，分寸得当。

### （五）“泄洪排沙”，雨过天晴

企业管理者与下级的冲突，可能源于下级的某种牢骚怨言。有怨气就采取一定方式让他发泄，有多少泄多少。有气不泄，憋着生病，即便在发泄过程中有点儿过火，也要让他讲完，然后再选择适当的时机和方式，帮助其分清是非对错，该批评的批评，该引导的引导。通常情况下，常常是宣泄完了就没事了，变得心情舒畅，因为他是把管理者当作倾诉对象，寻求一种依靠和支持，并无其他恶意。宣泄完了，雨过天晴，下属情绪得到了较好的调节，减少了后顾之忧。

### （六）转移升华，化解矛盾

转移就是当下属情绪激动，任何劝说都无济于事，矛盾冲突已无可避免时，力争转移其注意力和回避实质问题，弱化乃至减轻矛盾程度。升华是在对下级的某些可能是正当、合理的要求不能立刻满足的情况下，通过强有力的思想说服工作，使其认识到限于客观条件，目前尚难实现，眼下应当用一个新的有现实价值的，经过努力又可实现的目标来替代。这实质上也是一种转移。通过这种办法，至少可以减轻下级的心里痛苦，弱化甚至化解矛盾。

显然，具体的做法远远不限于以上这些。例如，企业管理者与下属发生矛盾时，还可以采用冷处理的办法。当矛盾冲突不严重时，管理者假装不知，不闻不问，一直保持沉默，当什么也没有发生过，照样谈笑风生。只要管理者一如既往、胸襟坦荡，下属自然会由衷地佩服，矛盾不攻自破。但以上这些做法，无论哪一种，都有一个前提，就是管理者要摆正心态，坦诚无私并善于在关键时刻进行自我控制。

## 第三节　企业平级的协调

企业部门之间、员工之间建立协调、和谐的关系，对于企业的发展是不可或缺的。同级之间由于性格、修养、思维方式、生活方式等不尽相同，发生摩擦甚至冲突是在所难免的。古人有云："人无千日好，花无百日红。"在工作当中，同事之间的关系往往要借助于科学方法或手段来协调。

同级关系主要包括两种：企业同一部门内的同级关系；企业不同部门之间的同级关系。同级之间的矛盾往往由于各自的利益和各部门之间的利益发生冲突而引起，或因某一观点不能达成一致而引起，或因上级领导的偏袒而引起，或因各自的修养、性格不同等所引起，但不管冲突是如何产生的，重要的是该采取何种协调办法。

## 一、企业平级协调的原则

### （一）相互信任，坦诚相待

信任是人际交往中的最高境界，它使人际交往充满了诚挚的友情。一份信任，胜似千言万语，给人以勇气、信心、温暖与力量。同级之间建立相互信任和支持的良好关系，对企业塑造良好的发展氛围无疑是至关重要的。

### （二）互相尊重，携手共进

人是需要尊重的，如果失去了起码的尊重和肯定，那么人就有可能失去工作的动力。企业员工之间如果互不尊重，企业的运营就无法正常进行。如果同事之间不能相互尊重，那又怎能营造一个和谐、互助的工作气氛？所以，保持同级之间互相尊重、平等相待，是企业正常发展的必要前提。

### （三）为人正直，光明正大

作为企业的一员，不仅应具有社会道德，还要有企业或行业所规定的职业道德。与同事共事，就要凡事按原则办，不搞小集体，不搞暗箱操作，不搞针锋相对；在工作中要力求为人正直、光明正大、不偏不倚，尽力做好本职工作。

### （四）相互学习，彼此宽容

同事们工作在同一个环境中，应当充分发挥主观能动性，积极地相互学习，彼此宽容，形成一个良好的团结向上的氛围。中国有句耳熟能详的话：“家和万事兴”，一个和谐的工作团体才能书写出最杰出的作品。和谐是企业发展的重要条件。

## 二、企业平级协调的艺术

### （一）企业平级之间的协调谋略

企业管理者在协调同级关系时，要掌握一些基本的谋略、技巧和艺术。

#### 1. 治人先治己

同级之间发生矛盾，原因是多方面的，其中既有自身的原因，也有对方的原因，还可能有“第三者”的原因。因此，要解决这种矛盾，作为矛盾的双方，都应首先从“治己”开始，调节自己的情绪，控制自己的感情，寻找自身的原因，保持解决矛盾的最佳姿态。即使造成矛盾的主要原因在对方，也要先“治己”。“治己”既是“治人”的前提，又是“治人”的谋略。在多数情况下，通过“治己”能产生强烈的“治人效应”，进而使矛盾化解。

常言道：“治人者易，治己者难。”这是因为人的私心作祟，更重要的原因是“治己”是一种“超越自我”的过程。做到了“治己”，同级之间的矛盾则可顺利化解。当然，这里强调首先“治己”，并不意味着对对方的问题做无原则的迁就。对大是大非问题，需要在坚持党性原则的基础上，把“治己”与“治人”巧妙地结合起来。实践证明，这是处理同级关系的有效方法。

2. 看到别人的长处

在企业同级之间，尽管总体工作能力和水平不相上下，但在某一方面却会有长短、优劣之别。有些人常喜欢以己之长比他人之短，因而难免造成心理冲突，使同级关系紧张。现实工作中存在同事之间互不服气的现象，其中一个重要原因就是以己之长比他人之短。如果相反，善于以己之短比他人之长，则会明显增强同级之间的亲和力，有效防止这类矛盾的发生。

在企业的同一个领导班子中，同级之间在思想上如果能坚持以短比长，那么在工作上自然就会取长补短，形成一个团结互助的领导集体。实践表明，但凡善于以他人之长补自己之短的管理者，同级关系都处得不错。

3. 用制度约束、管理成员

为了协调企业管理集体的行为活动，使各成员的个人工作职责、权限、活动原则、管理方式及工作程序规范化，必须建立和健全各项企业规则、制度、条例、办法等，以约束、管理集体所有成员的行为，保证管理集体整体在行为上的一致。如果没有管理集体的成员个人工作职责、权限、活动原则、管理方式及工作程序的规范化，成员之间就无法协调，因为良好的协调来自严格、精细的规章制度。

### （二）企业同级之间的沟通艺术

在企业营造良好的工作氛围，就要充分运用协调艺术，而协调艺术中最为重要的手段之一就是沟通艺术。在同级关系的协调中，尤其要注重沟通艺术的运用。在同级关系的沟通中，可以考虑主动沟通的方式，从而增进同级之间的感情。

同级之间良好感情的增进，首先在于主动沟通。实践证明，但凡善于主动沟通的管理者，都容易被对方理解和信任，彼此之间的“心理防线”都容易迅速消除。相反，管理者之间缺乏主动沟通精神，彼此“各揣心腹事”，最容易发生心理冲突，造成“僵局”。在这种情况下，最需要一个主动者，首先敞开心扉，疏通情感交流的渠道。如此，对方也会逐步开启“心理门户”。这样“一来一往”，感情自然会逐渐增强。如果说主动沟通是一个姿态问题，那么善于主动沟通则是一个艺术问题。这里有几点需要特别提醒：

（1）要善于选择最适于交谈的时机和场合以及最容易引起对方兴趣的话题。

（2）交谈时，不论对方态度如何，都要谦虚、诚恳，并贯穿交谈的始终。

（3）要讲究语言艺术。

（4）即使谈话不成功，也不要丧失信心。

（5）交谈中，要善于体察对方的心理变化。

## 三、企业平级协调的要诀

同属于一个企业，各个部门的同级之间的关系协调是至关重要的。每位管理者都要尽量海纳百川，有容乃大，相互理解、支持，共同使企业或部门的事业发展协调进行。具体来说，企业管理者切记对以下几点要避免。

### （一）越俎代庖

在企业的管理集体中，固然要提倡相互支持、相互帮助的合作精神，但成员之间，尤其是主要管理者不能包办代替，搞个人决策。既然管理集体内部已经分工明确、各司其职，在一定的权限范围内自己处理自己分管的工作，企业主要管理者就不应插手分管成员职责范围内的工作。如果主要管理者不适当地插手别人职责范围内的工作，就会影响同事的工作质量、效率，也可能会打乱别人的工作部署。

从情绪角度来看，不适当地涉足别人的“领地”，会伤害别人的感情。每个人对自己都有着一定的自信，大部分人愿意独立地、出色地完成自己职权范围内的工作。这不仅是一种责任心、事业心，也是自尊、自爱的表现。当他对自己的计划、设想充满信心时，有人向他“提供”了不必要的“帮忙”，显然会伤害他的自尊心，以为对方对他不信任，怀疑他的能力，怀疑他的计划的成功率，因此也容易发生不愉快的事情。

### （二）以怨报德

同属于一个企业，管理者在一起工作时间久了，难免出现恩恩怨怨。是以德报怨还是以怨报德，这直接影响同级关系的发展趋势和结果。管理者应该胸怀坦荡，有“君子之心”，即使某人做了对不起自己的事，也不能“以其人之道还治其人之身”，而应该以德怀之、以情感之，即使对某些见利忘义的“小人”也应如此。实践证明，以怨报德不可取，以德报怨才是征服人心的上策。

### （三）互相嫉妒

有的企业，企业文化氛围构建得不够完善，导致同级管理者之间时常发生嫉妒现象。究其原因，主要是一方不求进取或能力不如对方，又怕对方超过自己，而一旦超过了自己，就妒火中烧，似乎我不行你也别想行，于是“事修而谤兴，德高而毁来”。可见，嫉妒既是打击他人积极性、上进心的“矛枪”，又是保护自己怠惰和落后的“盾牌”。

为有效地防止和克服嫉妒心理，企业的每位管理成员都应“从我做起”，见贤思齐，欢迎自己的同事超过自己，为自己同伴的每一次成绩击掌相庆；此外，要勇于与自己竞争，乐于与同伴合作。

## 四、企业同级协调的方法

### （一）宽容自制，揽过推功

为了更有效地调控与同级之间的冲突，管理者应学会宽容。自制、宽容就是要有宽广的胸怀和气量，对别人的缺点和短处多包容，对别人的无礼和失态多体谅，用自己的长处去弥补。管理者越宽容，越容易化解矛盾。反之，一个心胸狭隘、不肯做出任何让步的人，他面临的将到处是矛盾。当然，宽容并非无原则地迁就，而是在相互交往中容忍、谅解，否则宽容就成了纵容。

要宽容别人的过失，企业管理者首先必须自制。自制既是一种很高的素养，又是一种策略，也是一种后天的能力。自制要求管理者在必要时严格控制自己的言行，避免激化冲突和助长矛盾，特别是不应用过激的语言刺激对方，伤害其自尊。

与宽容、自制相对应的外部行为就是揽过、推功，实事求是地说明自己的不足，充分地肯定对方的长处。所谓推功、揽过，就是功劳让给别人，承认自己的失误，为此表示歉意并请求谅解，那么冲突就会顷刻降温。与揽过、推功相对立的就是推过、揽功，这是冲突的诱因之一，也是协调者品德修养不够的表现，是个人不正确欲望的一种膨胀，应当严加控制。推功、揽过是顾全大局的高风亮节，其实功过问题都是客观事实，人们心里都很清楚。

### （二）冷静解决，求同存异

在冲突发生时，大家都在气头上，难免会失态、失控，更何况同级之间没有权力的制约。矛盾一旦激化，往往不计后果，关系随之破裂，新账、老账一起抖搂出来，全然不念旧日情分，生出两败俱伤的事来。此时，有经验和修养的管理者就应懂得马上回到平静状态，停止争吵，平复心态，不能逞一时之快，切忌做出因小失大、让人终身遗憾的事来。

同级间出现问题时，双方都要保持清醒的头脑，摆正心态。为了尽快平息和化解矛盾，最直接、最便捷的办法就是求同存异。因为大家都在激动状态，要客观地讨论谁是谁非十分困难，所以应努力寻找共同点、相近点，即便共同点较少，也要尽量对事不对人，无论双方心理上的感觉如何，也不要针尖对麦芒，双方各退一步，等待双方心平气和后再行商议；特别是没有必要将矛盾捅到上级领导那里去，更不要搞什么先下手为强，抢先告状，没完没了，唯恐天下不乱。

当然熄火降温，不是为了息事宁人，而是把一时解决不了的矛盾做冷处理，或者在一定时间内去逐步解决。

### （三）开诚布公，达成共识

平级之间的冲突，即使已经发生，也不要意气用事、不顾情面；讨论分歧意见时，也要心平气和，相互尊重，摆事实，讲道理，不要激怒对方，慢慢促使对方寻求一种平衡而避免失态。心地坦然，表情泰然自若，也会稳住对方，而不致使其怀疑你内心有鬼，或认为你不是对手，不堪一击，助长对方好强争胜的不良心理。在相互交换看法时，既不做讽刺、挖苦式的人身攻击，也不做捕风捉影、无中生有似的胡乱猜疑，多做描述性而不是评价性的反馈，让事实说话，就事论事，做到得理让人，适可而止。

### （四）一视同仁，保持平衡

很多同级之间往往三五成群，亲此疏彼，各抱一团，这样的集体没有不闹矛盾的。克服这一点的根本做法就是一视同仁。人与人之间的关系有亲有疏，这是正常的社会现象，管理者也不例外。为了加强企业的凝聚力，管理者需要团结与自己亲密无间、命运与共的身边人，更要注意团结同自己意见不一致、疏远和反对自己的人，不应将其视为异己排斥，而应该努力争取他们的合作和支持。

管理者既应当有坦荡的胸襟、豁达的气度、容忍的风格，还要适当掌握平衡的艺术，力争与同事间保持一种既亲密、热切又距离相当的合作关系。平衡的方式主要有三种：一是在空间上与同级保持等距关系，不进行有别于其他人的过密接触和有意疏远；二是在利益上保持与同级间的可容性，尽可能照顾到对方的切身利益；三是在心理上保持与同级间的可接受性，做到经常沟通。

### （五）加强沟通，真诚合作

信息不通，缺乏彼此理解是同级之间不协调的重要原因之一。改变和预防这种状况的一个基本前提就是加强信息沟通，保持密切联系。

同级也是由不同个性的人组成的，他们的性别、年龄、文化、能力、兴趣等基本特征各不相同。虽然大家每天见面，但各干各的工作，如果彼此互不通气，老死不相往来，谁也不了解谁，无法相互理解，难免要发生矛盾、冲突，难免要互相猜忌、产生摩擦，影响工作效率。为此，有必要改变原有的企业风气，通过相互沟通、了解，达到相互信任与亲密合作。在沟通过程中，相互之间的猜疑和敌意只会增加抵触情绪，减少坦率交流的机会，也就不可能实现有效合作。因此，同级之间的诚意和相互信任至关重要。

企业同级之间，分工不同，各司其职，各负其责，既然在同一个企业中，就要做到分工不分家，彼此合作，相互支持，同台竞争，创造一个同舟共济的良性互动关系；否则，以分工不同为理由相互疏远，甚至互相拆台，以邻为壑，就很难尊重和信任对方，长此以往，隔阂不断加大，误会不断加深，矛盾不断激化，摩擦不断出现，冲突必然发生。其实，分工的前提，首先是真诚合作。没有合作，分工就失去了意义。如果不愿合作，就会逐步从群体中孤立出来，逐渐被群体边缘化。

# 第八章　管理学在跨国经营管理中的实践

## 第一节　跨国经营概述

随着全球经济一体化时代的到来，国与国之间的经济联系更加紧密。无论是资本、技术、商品，还是人力资源等要素的流动，都具备国际性的特征，导致全球经营环境的急速变化，这就要求企业的管理者要改变及调整其传统的管理视野与技能，以适应经济全球化与经营国际化的要求。

### 一、跨国经营的概念

理论上，跨国经营是一个非常广泛而抽象的概念，是指企业积极参与国际分工，由国内企业发展成为跨国公司的过程。跨国经营主要表现为资本、制造、技术和人力等资源要素的国际转移及利用，以此来提升企业创造价值的能力。跨国经营包括两种地理导向，即内向型和外向型视角。内向跨国经营是外向跨国经营的基础和条件。

内向跨国经营是指以母国为基础，采取进口、作为许可证交易的受约人、在母国与外国公司建立合资企业、成立国外企业全资的子公司（或被国外企业并购）等方式参与国际竞争；外向跨国经营是指以东道国为导向，通过出口、向外国公司发放许可证、在国外与外国企业建立合资企业或建立与收购外国企业等方式参与全球竞争。

#### （一）跨国公司的定义

在经济全球化的条件下，跨国公司使传统的以国内生产、对外交换为特征的贸易导向型国际分工向以国际生产、跨国经营为特征的投资导向型国际分工转移，是跨国经营的主力军。同时，跨国公司也是推进经济全球化的主要力量。据统计，跨国公司的产值占世界总产值的40%，占国际贸易额的60%，占国际技术贸易额的60% ~ 70%，占全球科研和开发的80%，占外国直接投资的90%。这些跨国公司集生产、贸易、金融和技术开发于一身，通过全球性经营战略，推动资源的全球性配置，其生产、销售、投资等活动构成了经济全球化的主要内容。

尽管跨国公司在全球经济中扮演着举足轻重的角色，但是关于跨国公司的理论研究并不是很完善，而且其定义也非常不统一。在欧美一些国家，人们通常把跨越国界从事经营活动的企业称为多国公司；也有人把这种企业称为国际公司或环球公司。直到联合国经济及社会理事会第57次会议的有关决议中，才正式采用了“跨国公司”这一名称。此后，在联合国正式文件中均使用“跨国公司”，这一名称也就逐渐成为国际社会普遍接受的专用名称了，但其定义仍然是见仁见智、众说纷纭。但通常定义跨国公司或者一个企业的跨国经营，需要考虑下列标准。

1. **结构标准**

凡采用“企业的跨国程度”“企业的所有权”“经理人员的国籍”和“企业的组织形式”等作为划分跨国经营的标准与尺度，都属于结构性标准。

（1）企业的跨国程度。一个企业必须在两个以上的国家进行制造和销售业务才能算跨国公司。

（2）企业的所有权。“所有权”衡量尺度有两个不同的含义：一是指资产的所有权形式；二是指企业母国所在地属于哪个或哪些国家及企业拥有者和高层主管的国籍。经济合作与发展组织认为，跨国公司“通常包括所有权属于私人的、国营的或公私合营的公司或其他的实体”。

（3）企业高级管理人员的国籍。跨国公司企业的高级管理人员必须是来自一国以上的国民。合资经营的企业所有权和控制权自然会分散到各个不同国籍人士手里。

（4）企业的组织形式。一个跨国企业的组织形式以全球性地区和全球性产品为基础，其实体的法律形式可以是合资、有限、无限、合作社、公私合营等。在制造业中，海外企业最流行的形式是在当地组建子公司。

2. **跨国经营标准**

普遍观点认为，跨国公司需要有一定的跨国经营度。企业跨国经营度是由跨国指数决定的。跨国指数是三个比率的平均数，即国外资产 / 总资产、国外销售额 / 总销售额、国外雇员 / 雇员总数。

3. 跨国经营价值取向标准

跨国经营价值取向标准是指，凡是国公司都应有全球战略目标和动机。公司按照全球目标公平处置世界各地所出现的机遇与挑战，公司经营活动由一国走向多国，直至定位于全球化目标。它一般需要经历三个阶段，即民族中心主义、多元中心主义和全球中心主义。

具体说，一个跨国公司的基本条件是，它是由两个或两个以上国家的经济实体所组成，在一个统一的决策体系下，拥有共同战略和配套政策，各个经济实体通过股权或其他方式相互联系，它的一个或多个经济实体能够对其他实体施加有效的影响，特别是各个经济实体之间能够共享知识、资源、信息，并且需要共同承担责任和风险。

## （二）跨国公司的构成

目前，绝大多数的跨国公司都包含三种基本单位，即母公司、子公司、分公司。母公司是指负责对外直接投资，并对接受投资的经济实体进行控制的公司。一般而言，母公司就是跨国公司总部，它的所在国被称为母国。母公司是在母国政府机构注册的法人组织，有权并负责组织和管理跨国公司海内外机构的全部生产经营活动。子公司是经母公司直接投资而在母国内外设立的经济实体。如果子公司在母国外，它的所在国就是东道国。子公司一般是在东道国政府机构注册的法人组织，在法律上独立于母公司，在公司名称、章程、组织结构与资金组成等方面，表面上与母公司没有明显的联系，但实际上是受母公司控制和管理的。分公司就是母公司的分部，它利用母公司的名称和章程，在公司的直接控制下开展经营活动，财产所有权属于母公司，资产和负债要直接反映到母公司的资产负债表上，分公司通常不是法律上独立的法人组织。

## （三）跨国公司的特征

跨国公司为了争夺国际市场，获取国外资源，获得高额利润，通过对外直接投资设立分支机构或子公司，从而形成从国内到国外、从生产到销售的超国家的独特生产经营体系。不同的跨国公司都有其自身的发展历史，行业不同，经营方式也不同，但就现在的跨国公司整体而言，一般具有如下特征。

1. 跨国公司是“国际化”了的企业

“国际化”不仅是指跨国公司在世界各地进行直接投资，设立分支机构或子公司，从事国际生产，在世界范围内通过各种渠道进行销售活动，同时也要表明它们的组织机制、管理体制、决策程序以及人员配备都要适应在多国从事生产贸易活动的要求。它们面向世界，在世界范围内获取利润，从而使它们的自身积累也具有世界性的意义。跨国公司制定全球战略，把世界视为它们的目标，并以世界经济的发展为基础来衡量自身的成就，注视着全球市场。如我们经常发现某些跨国公司在发展中国家组织产品制造，又将这些产品运输到较发达国家去销售，其内在动机即是发展中国家通常拥有廉价的劳动力和原材料等生产要素，这些国家对外来投资又给予不少政策优惠，大大降低了跨国公司的生产成本。

**2. 对外直接投资是跨国公司经营跨国化的基本手段**

对外直接投资是一国企业在外国进行的伴有经营控制权的投资，它有多种具体形式，包括在东道国开办独资、合资与合作经营企业，或购买、兼并现有企业等。对外直接投资历来是跨国公司对外扩张、实现跨国经营的基本手段。跨国公司通过对外直接投资，在国外建立子公司和分支机构，并对其加以控制，为实现跨国公司的经营目标服务。

**3. 全球战略和内部一体化**

实行全球战略，是指跨国公司有全球性的战略目标和战略部署。跨国经营的主要内容是商品贸易、直接投资和技术转让。为了获得最大限度的利润，跨国公司要合理安排生产，要从世界范围内考虑原料来源、劳动力雇用、产品销售和资金运用，要讲究规模经营，要充分利用在东道国和各地区的有利条件，还要应对世界市场上同行业的竞争，这就必须把商品贸易、直接投资、技术转让三者结合起来，从公司的整体利益及未来发展着眼，做出全面安排。跨国公司一般实行集中决策、分散经营的管理体制，但为了实现跨国公司的全球目标，就需要实现内部一体化，即在公司内部实行统一指挥，彼此密切配合、相互合作，形成一个整体，以符合公司的整体利益。同时，为了适应东道国的投资环境及各行业的市场结构、行情变化，需要附属机构的“灵活反应”，一方面通过分级计划管理，落实公司的全球战略；另一方面通过互通情报，内部贸易，共担风险，共负盈亏。这样，跨国公司虽然在世界各地拥有形式多样的附属机构和子公司，但由于实行了内部一体化，它们就像一个被严密控制的单一企业那样，置身于被国界分开的许多市场，在不同的国家和地区从事经营。

4. 技术内部化

跨国公司在新的国际分工中，要保持优势，或从一种优势转向另一种优势，就必须在研究与开发新技术、新工艺、新产品中始终保持领先地位，因此，跨国公司对外投资时，往往也以开发新技术作为其主要的经营手段之一。跨国公司为了保持其技术优势，必须依赖于巨额的研究开发投资及技术战略。跨国公司在研究与开发技术密集型产品的过程中，往往从销售收入中拨出大量资金，用于研究与开发工作，并在全球范围内有组织地安排科研机构，一般做法是把主要的、全能的研究机构设在母公司所在国，使研究成果牢牢掌握在公司总部手中，并且首先在公司内部使用，推迟扩散，以尽可能地保持自己较长时间的领先地位。技术是一种信息资产，具有公共资产的性质，在外部市场上转让极易扩散，因此，跨国公司一般不愿通过外部市场公开出售技术商品，而更偏重通过内部市场把那些不愿或不能公开出售的技术、技能、诀窍和先进的管理经验在公司内部进行有偿转让。

## 二、跨国经营与国内经营的关系

### （一）跨国经营是国内经营的必然发展

从社会经济发展的角度来看，跨国经营体现了商品经济国际化的内在必然性。商品生产的基本特征表现为价值的生产，因而具有内在扩张趋势。物质生产过程和市场是这种扩张的两个基础条件。

社会生产的发展是伴随着社会分工而发展的。在分工的基础上产生的交换，既服务于分工，又促进了分工的进一步发展，其结果必然形成分工的国际化。一定的生产力发展水平，决定着分工的内容、范围和形式，决定着国际分工的深度。早期的国际分工主要表现为国际贸易，而此后的国际分工逐渐演变为世界范围内的工业分工，产业部门内部的分工逐渐深入，进而发展到以专业化为基础的分工。各国技术水平的差异日益取代自然资源在国际分工中的基础地位。另外，国际分工的纵深发展促进了世界市场的形成，将世界各国社会再生产各阶段和各环节紧密地联系在一起，从本质上消除了经济发展的民族限制。

在商品经济条件下，物质生产过程突破民族国家传统疆界的表现是在世界范围内组织商品生产和流通，而世界市场的形成为之提供了客观条件，并促进了商品经济国际化的进程。包括铁路、公路、水路、航空、电子计算机、电信等在内的立体交通网络和信息高速公路的迅猛发展和完善，已将各国市场紧密联系在一起。企业作为商品经济中的资源转化体，要生存，就必须越来越直接或间接地依赖世界市场；要发展，实现内在扩张趋势，就更需要以世界市场为舞台来开展经营活动。

### （二）跨国经营的特殊性

从跨国经营与国内经营的横向比较来看，跨国经营主要有以下特殊性。

（1）跨国经营不仅涉及在国内经营中必须面临的国内环境因素，而且面临国际环境因素和东道国环境因素。在国内经营中，即便经营面涉及全国，管理者也不必对环境因素过分在意，因为这些因素对他们来讲是既定的、内在的、“不变的”。同一语言、单一货币、同类文化，管理者又是在其中成长和生活的，因而对其十分熟悉和了解，他们能本能地对这些因素加以预见和接受。

相反，在跨国经营中，管理者不仅要面对自己熟悉的国内环境，而且要面对不熟悉或者不怎么熟悉的国际环境和东道国环境因素。对于管理者，尤其是缺乏跨国经营知识和阅历的管理者，后两方面因素完全是作为一种外赋力量而起作用，且往往国内行之有效的管理思想和方法在跨国管理中可能行不通。结果是这些外赋力量使得参与跨国经营的企业从策略、政策、组织直到具体经营过程都必须做出相应的调整和改变。

（2）虽然跨国经营并不要求改变管理所包含的基本职能，但从广度和深度上大大扩展了每一项职能的内容，管理操作的每一阶段都必须应对外在因素的各种变化和跨国经营全球性特征所带来的内部差异。因此，跨国经营管理的最重要特征并不在于职能上具有决定性的做法和观念上的明确实体，而在于跨国经营在文化、经济、社会和政治环境中必须对付的各种外在变量。

（3）由于跨国经营涉及外赋的东道国环境因素和国际环境因素，特别是由于跨国经营涉及的主权国家，处于大为不同的各种经济条件下，与不同价值体系和机构的人打交道，涉及更大的地理空间和产业序列，各市场容量、人口与面积差异很大，因而挖掘企业经营活动潜力、提高企业经济效益、加速企业成长的潜力很大，相应地，企业所承受的风险比单纯的国内经营要高得多，这对管理者提出了更高的要求。

# 第二节　跨国公司的经营管理

跨国公司与生产经营活动全部局限于一国的国内企业相比，有许多不同之处，这些不同之处可以从它们各自所处的政治、社会和经济环境中体现出来。国内企业处于一国政治体系中，文化、经济结构、商业惯例和政府政策较为一致。跨国公司经营在战略、组织结构、人力资源管理、财务结算等管理方面都有别于国内公司。本节主要介绍跨国经营在战略管理、组织管理及人力资源管理方面的特点。

## 一、跨国经营的战略管理

跨国公司的战略以整个全球市场为目标，总公司对整个公司的投资计划、生产安排、价格体系、市场分布、利润分配、研制方向以及重大的决策，实行高度集中统一的管理。跨国公司在做出决策时，所考虑的不是一时一地的局部得失，而是整个公司在全球的最大利益。

### （一）跨国经营中的战略构成

跨国经营中的战略构成可分为三个层次：一是公司战略的构成要素，主要从经营范围和资源配置两个方面展开。对于跨国公司而言，东道国市场的进入与开发（如东道国市场的选择、进入东道国市场的方式等），国际化战略定位（多国本土化还是全球化），经营业务定位（公司的业务布局、归核化与多元化的选择等），全球资源寻求（价值链的整合，研究开发、生产制造与市场营销的协调，供应链的管理，等等），等等，都是跨国公司战略的重要内容。二是竞争战略的构成要素。竞争战略层次的构成要素主要考虑竞争优势的定位和业务单位的资源配置。跨国公司子公司、事业部、战略经营单位的竞争战略包括基本竞争战略定位（总成本领先战略、差异化战略、目标集聚战略）、定价战略（价格歧视、转移价格等）等。三是职能战略的构成要素。职能层次的构成要素着重于资源配置与协同作用两个方面，包括技术创新与技术转让、财务与融资、人力资源管理、市场营销、生产运作、组织结构等。

三个层次的战略之间是相互渗透的，它们的界限也很难割裂开来。例如，定价战略是竞争战略的主要手段，但它又是营销战略的重要组成部分。又如，生产运作战略可以看作是职能战略，而它又与价值链的整合密不可分。再如，组织结构是公司职能战略的一部分，而国际化战略的不同定位又涉及不同组织结构形式的选择等。

## （二）跨国经营战略管理的特征

### 1. 集权与分权的均衡点运动更加灵活与频繁

跨国公司规模巨大，跨越国界程度范围大，分支机构地域分散，公司内部层次、部门众多，控制幅度大，组织结构相当复杂。如何既能保证公司战略成为公司各项工作贯穿如一的中心线索，又能使公司在全球日趋激烈的竞争中保持足够的灵活性，成为跨国公司战略管理的重点课题。过度集权管理，可能导致跨国公司的本土化战略受到削弱，使东道国子公司或分公司对地区具体情况与问题的反应能力降低，丧失灵活性；但过度分权管理，又极易导致公司战略无法有效实施。近年来，跨国公司广泛流行“在思想上集权，在行动上分权”的做法，即总公司强化战略思想与战略目标“教育”公司各机构、各部门的人员，同时又赋予这些机构和人员相当大的自主权，以决定如何在公司战略框架内解决自己所面临的问题。这种做法较好地将集权与分权在战略框架内结合起来，也使集权与分权均衡点的上下浮动更频繁。

### 2. 战略控制手段由资本、人事过渡到信息

在传统的跨国公司中，对一个组织的控制是通过人事或资本控制来完成的，而在有些企业还可能是关键性的技术。在现代信息时代，这一情况发生了相当大的变化。在相当多的跨国公司中，首席执行官（CEO）是通过掌握的信息来实施战略控制的。战略控制手段的变迁同时也反映出信息技术在现代社会中的传播。互联网的发展为地域宽广的跨国公司带来了前所未有的机遇。各大跨国公司纷纷“上网”，制定并实施网络战略。

### 3. 战略绩效的评估标准范围大大拓宽

跨国公司各业务单位分散在不同的国家和地区，经营业务千差万别，各分支机构功能水平可能相差甚远。这就要求跨国公司战略控制的重要手段——战略绩效的评价标准大大拓宽。传统的绩效指标大多局限于财务性数据。现在跨国公司认识到，销售额与利润只是战略实施的某种结果，过分强调它们的重要性只会增加企业组织的轻视行为。于是很多的非财务指标被开发出来并且付诸应用。这些

指标包括企业成长、商业信誉、原定目标的实现程度、战略优势的建立与维持、现金流量的大小，甚至在东道国公众中所树立的形象、某权威排名中的名次等。跨国公司绩效评价标准是与各时期的战略目标相联系的。

4. 冲突管理、利益协调、跨文化管理是战略实施的重要保障

跨国公司在多种经济、社会、政治、文化环境下运行，而各国相异的社会形态、发展模式、价值观等都使跨国公司所面临的外部约束明显不同于国内企业。跨国公司往往被视为东道国本体之外的一种特质，从而可能发生冲突的数量和程度也远非国内企业所能遭遇的。再者，与国内企业相比，跨国公司内外部的利益相关者也复杂得多。多方的股东、经理、员工在同一企业中共事，加上形形色色的外部利益相关者，如果不能很好地协调各方利益相关者的利益关系，公司战略也难以付诸实施。此外，文化的多元性不仅影响跨国公司的内部管理，也同样制约和影响公司在东道国的经营。对文化的敏感性可以穿越文化界，将产品营销到特定的市场。冲突管理、利益协调、跨文化管理等协调职能在战略实施中发挥着重要的作用。

## 二、跨国经营的组织管理

为了有效地进行跨国经营活动，保证跨国经营战略目标的实现，跨国公司必须建立一套与其跨国经营战略相一致的组织结构。跨国公司组织结构的演变大体经历了三个阶段，即出口部阶段、国际部阶段、跨国性组织结构阶段。组织结构随着企业采取的跨国经营战略不同，以及跨国经营业务发展而不断变化和完善。随着公司战略的国际化，它们通常从采用出口部、自主子公司结构和国际业务部演变成更为复杂的组织结构，如针对公司在全球不同区域营销运作的差异性而设置的地区组织结构；按产品来建立部门或下属单位的产品组织结构；按生产、营销、技术、财务、行政管理等职能划分的职能组织结构；将以上两种或三种组织结构结合起来设置分部而形成的混合组织结构；同时按照产品、地区和职能这三种组织要素中的两个或三个组织起一种多维的结构——矩阵组织结构；代表着具有对当地市场反应能力，并且利用全球规模经济寻找全球知识来源等地方优势的网络组织结构。

在不同的发展阶段，随着内外部环境、战略等的变化，跨国公司对其组织结构应当做出相应的选择和调整。在选择和设计适当的组织结构时，应充分考虑其跨国经营战略、企业的跨国经营程度、公司的管理传统和以前组织结构的选择及

管理人员的能力因素，保证组织的灵活性、可塑性、创新性和网络化。

## 三、跨国经营的人力资源管理

跨国公司人力资源管理的主要任务是要为跨国公司的子公司及海外分支机构获取和保持所需的人力资源，制定适合来自不同国家、具有不同文化背景的企业成员的人事政策，以利于有效地实现企业既定的战略目标。人力资源的发掘和利用，是企业实施跨国经营战略、开展跨国经营活动的根本保证。没有足够的、素质较高的、具有丰富跨国经营经验的管理人员和技术专家，企业很难保证跨国经营计划、组织、控制和财务管理等职能正常发挥作用。与国内企业的人力资源管理相比，跨国公司的人力资源管理内容更广泛、复杂，难度也更大。企业跨国经营所涉及的国家在政治、经济、文化等各方面的差异，都会对跨国公司的人力资源管理产生影响。

与国内人力资源管理相比，跨国经营人力资源管理的主要特点表现为如下方面。

（1）跨国经营人力资源管理必须面对更为复杂多样的人事决策环境。跨国公司在进行人事决策时，一方面要受不同国家的政治和法律等因素的制约，另一方面要考虑不同国家文化的差异，其表现为不同国家员工的价值观、经验、行为方式及个人需要的差异。跨国公司人力资源管理必须适应这种跨国界和跨文化环境。

（2）跨国公司与国内企业选聘管理人员的途径不同。对于国内企业来说，管理人员选聘的途径主要有两种，即企业内部提升和企业外部招聘；而对于跨国公司而言，管理人员主要来自本国、东道国和第三国。本国人是指具有跨国公司母国国籍、外派到海外工作的居民，也称为外派人员。东道国人是指跨国公司在东道国选聘的当地人。第三国人则是指跨国公司选聘的有第三国国籍的人员。

（3）外派管理人员管理是跨国公司人力资源管理的重要组成部分。跨国界的人力资源配备要求企业外派国外子公司的管理人员。外派管理人员管理有着一系列的特殊性，例如，在选聘标准方面，国际人力资源管理除了考虑管理人员的技术和管理能力以外，还要考虑他们的个人特性和家庭状况等因素；在人员培训方面，对外派人员的培训不再仅限于专业技能和管理技能，通常还要进行外语知识、派遣国相关知识的培训；此外，外派人员还存在着回国安置问题。

（4）国际劳资关系管理也是跨国公司人力资源管理的重要任务之一。国际劳资关系管理是指对国外子公司及分支机构员工的管理，它主要包括对工会、工资差异与劳动待遇及参与管理等问题的研究。国内企业的劳资关系管理面对的是相同的文化背景、相同的劳动关系；而跨国公司由于国家之间在劳资关系及劳工文化背景等方面存在差异，因此要求管理人员要具有处理国际劳资关系的能力，根据不同国家的具体情况，形成各自的管理方法及模式。

## 第三节　跨国经营方式的选择

### 一、跨国公司的股权经营方式

股权经营是指跨国公司通过向国外输出资本、经营企业，并获得该国外企业经营管理权的经营方式。它可以分为以下四种类型：

第一，独资经营方式，即母公司拥有海外子公司的全部股权或股权在 95% 以上。

第二，多数股经营方式，即母公司拥有海外子公司 51% 以上、94% 以下的股权。

第三，少数股经营方式，即母公司拥有海外子公司 49% 以下的股权。

第四，对等股经营方式，即双方各拥有 50% 的股权。

多数股、少数股、对等股三者又称为合资经营方式。

#### （一）独资经营方式

独资经营是跨国公司按照东道国的法律和政策，并且经过东道国政府批准，在其境内单独投资建立全部控权的子公司，独立经营，自负盈亏的一种海外经营方式。一般说来，发达国家的跨国公司拥有较强的资本实力和技术优势，因而独资经营方式曾一度成为它们的主要选择。到了 20 世纪 90 年代以后，由于一些发展中国家开展国有化运动，或者对外国企业的股权参与采取种种限制和管理措施，因此跨国公司在发展中国家设立独资企业的增长势头有所减弱，转向较多地采取与当地资本合营的方式。当然，这中间也有特例，如中国这些年一直坚持改革开放的政策，鼓励外商投资，给外资创造良好的投资环境。在这种情况下，外国公司对中国的政策、市场环境不断地了解，因此更多的合资企业的外方反而更青睐独资经营方式，也就成了情理之中的事情。

独资经营方式的优点有以下几方面。

第一，拥有海外子公司的全部股权，因而母公司就可以对子公司实行高度的控制，能掌握子公司的经营决策权，于是就可以将子公司完全置于全球战略部署中，使之为创造跨国公司的整体经营优势和获取利润增添一份力量。

第二，采取独资经营方式便于保护专有技术和管理技能秘密。跨国公司要充分取得内部化优势，在国外子公司中充分利用其垄断优势，就要向国外子公司提供专利技术、专有技术及管理职能。然而，如果国外子公司不是独资企业，其他企业就有机会接触和了解这些专利技术、专有技术和管理技能，从而难以避免泄露。当国外子公司是独资企业时，跨国公司在转移和利用其作为垄断优势的技术与管理技能的过程中保密安全程度高。

第三，采用独资经营方式，由母公司对海外子公司加以完全控制，可以减少母公司与子公司之间可能出现的矛盾与分歧,从而可以提高跨国公司的运行效率。

采取独资经营的企业主要考虑的因素有：一是技术的有效控制，确保核心技术的垄断地位，保证技术转移的有序性；二是经营过程易于控制，避免因股东代表的利益不同而造成争论和冲突现象发生,适合于股权限制不严格的较开放国家。

独资经营的方式有两种：绿地投资和跨国并购。绿地投资与跨国并购也是企业对外直接投资的两种基本进入方式。

1. **跨国并购**

跨国并购是国际直接投资的一种方式，其基本含义是：一国企业为了实现某种目的，通过一定的渠道和支付手段，将另一国企业的整个资产或足以行使经营控制权的股份收买下来，从而对另一国企业的经营管理实施实际的或完全的控制行为。跨国并购是国内企业并购的延伸，是企业间跨越国界的并购活动，涉及两个或两个以上国家的企业。其中，“一国企业”是并购企业，可称为并购方或进攻企业；“另一国企业”是被并购企业，也叫目标企业。这里所说的渠道，包括并购企业直接向目标企业投资,或通过目标国所在地的子公司进行并购两种形式。这里所指的支付手段，包括支付现金、从金融机构贷款、以股换股和以股票换资产等方式。

2. **绿地投资和跨国并购的比较分析**

（1）投资回收期的差异。绿地投资建设周期长，进入目标市场相对缓慢，从而使投资回收期相应延长，这一点在投资某些市场供求及价格波动幅度巨大且频繁的产品时表现尤为明显；而并购投资可以利用被收购企业原有销售渠道与客户资源，迅速进入市场，而且由于并购基本不涉及当地市场的重新分配问题，进入阻力较小，投资回收期较短，风险较小。

（2）对资产存量和结构调整的影响差异。在其他条件（动机和能力）不变的情况下，绿地投资不仅可带来资源的资产，同时还可创造增加的生产能力和就业，但不能使存量资产结构得到优化重整；跨国并购在短期内可能只是企业所有权的转移，不会使生产能力立即增加，而且某些类型的跨国并购在进入时涉及诸多风险，包括减少就业、剥离资产，直到降低国内技术能力的提升速度。不过这类投资往往伴随对技术和人力资本的投资，倘若项目运转顺利，可能会产生较大数额的后续投资，能盘活现有某些存量资产，缓解东道国国内结构性矛盾。

（3）投资者风险控制主动性的差异。绿地投资的投资者一般直接参与新项目运作，能在较大程度上把握其风险性；并购投资因存在对被并购企业的真实情况评估欠充分的风险和并购后的企业内部协调发展的不确定性，往往使得投资者在控制风险时处于被动地位。

### （二）合资经营方式

合资经营方式是跨国公司与国外企业共同投资、共同经营、共担风险、共负盈亏的经营方式。它与契约式经营方式不同，合资是股权经营，按股分配利益；合作经营是合伙关系，按协议分配利益。合资经营的企业有两种选择：一是在东道国建立合营企业；另一种是与国外联合，在第三国建立合营企业。

## 二、跨国公司的非股权经营方式

非股权经营方式，是指跨国公司在东道国中不拥有股权，而是通过为东道国的公司提供与股权没有直接联系的资金、技术、管理、销售渠道等，与其保持密切联系，并从中获取各种利益的一种经营方式。

非股权经营方式与股权经营方式相比，有以下几个特点：①跨国公司以转让技术、提供服务、合作生产获取利润；②对东道国来说，可以更多地拥有企业控制权并获得现金、技术、管理经验和产品，而且不必在境内建立常驻的外贸所有权实体；③可以为跨国公司今后的直接投资做准备；④跨国公司需要拥有技术、管理、生产上的优势和能力，凭借这些能力加强对东道国企业的控制。

跨国公司非股权经营的形式很多，常见的有合作经营、许可协议、合同安排和技术咨询等。

## （一）合作经营

合作经营是指两个或两个以上国家的投资者通过协商签订合同或契约，规定各方的权利和义务，联合开展生产经营活动的经营方式。合作经营可分为两种具体形式：有实体的合作经营和无实体的合作经营。有实体的合作经营中，实体是指根据东道国的有关法律，通过签订合同而建立的经济实体，在东道国具有法人地位，受法律保护；合作期限一般较短，合作经营各方的投入和服务等不计入股份或股权，权利与义务由合同或契约规定。无实体的合作经营是一种以合同为基础组成的松散型合作经营方式，没有统一的经济实体，不具有法人地位。

## （二）许可协议

许可协议是许可人将无形资产使用的权利授予被许可人，并允许被许可人根据协议使用特定的一段时间（5 ~ 7 年）。被许可人以经济上使用的效果（通常按销售额）作为提成基数，以一定的比例按期向许可人支付许可权使用费。无形资产通常包括专利权、商标、配方、工艺、设计和版权等资产。

## （三）合同安排

合同安排又称非股权安排，是跨国公司在股权投资和人事参与之外所采取的另一种手段。跨国公司以承包商、代理商、经销商、经营管理和技术人员的身份，通过承包工程、经营管理等形式取得利润和产品，开辟新的市场。这种方式不需要股份投资，财务风险较小。联合国跨国中心在一份研究报告中指出，合同安排的性质基本上是“直接投资的替代物”。

### 1. 管理合同

管理合同是一个企业通过合同的形式在一些或全部管理职能的领域，向另一个企业提供管理技巧，并按照销售额的一定比率收取费用的劳务活动。这种活动的开展往往需要人员的参与，如提供服务的企业需要派出一定的人员到需要服务的企业中去，通过具体的管理工作，向需求方提供管理的经验和诀窍。

### 2. 启钥工程

启钥工程是工程技术劳务常采用的一种形式。在启钥工程中，承包人按技术输入方的要求拟订方案，承包全部工程，培训技术输入方所需的管理人员、技术人员和操作人员，直到工厂建成，验收合格后才交给技术输入方。由于在合同完成后，技术输入方可以获得随时启动和运行整个设施的“钥匙”，启钥工程的名字就由此而来。有时启钥项目除工程本身外，还须承担企业提供的管理训练、技术援助等附加部分。

3. 制造合同

制造合同是跨国公司与当地企业订立产品供应合同的一种方式，具体地说，是由跨国公司提供必要的订单、机器、原料、生产方法及技术等，由当地企业负责员工的招聘、管理、支薪及实际生产等活动。

4. 工程项目合同

跨国公司为外国政府或厂商从事道路、交通等工程建设，在提供机器、设备及原料的同时，提供设计、工程管理等多项服务，因而是出口货物和劳务的混合体。在工程建设期间，承建公司在外国境内负责管理；工程完工后，管理权即移交当地。

5. 国际分包合同

国际分包合同通常是指发达国家的总承包商向发展中国家的分包商订货，后者负责生产部件或组装成品的合同，最终产品由总承包商在其国内市场或第三国市场出售。

### （四）技术咨询

技术咨询服务是东道国把要解决的技术问题、技术经济方案论证等向跨国公司提请咨询，而跨国公司为之提供有效的服务，包括收集信息、预测趋势、拟订计划、制定方案、帮助决策、承包任务、组织实施等，并取得相应的报酬。咨询业务主要包括政策咨询、工程咨询、方案讨论、人员培训、企业诊断和技术服务。

上述非股权经营方式并非单独运营，跨国公司往往根据需要和可能，与股权经营方式结合在一起，形成组合型经营方式。

## 三、跨国战略联盟

从交易费用的经济学角度看跨国公司直接投资的两种途径可知，跨国并购方式实质是运用“统一规则”方式实现企业的一体化，即以企业组织形态取代市场组织形态，而绿地投资方式实质是运用“市场规制”实现企业的市场交易，即以市场组织形态取代企业组织形态。事实上，这两种组织形态中存在一种中间形态，即企业战略联盟。

## （一）企业合作竞争的发展与战略联盟的兴起

企业战略被认为是企业应对来自竞争对手、买方与卖方以及其他相关的竞争对手的总体计划与安排。企业要在各种竞争对手中谋取有利的市场地位和获得利润。因此，企业要对资源进行配置，利用竞争对手的缺点来开展竞争。然而面对越来越强大的市场竞争压力，企业原来的这种战略思路有了一定的变化。企业更多考虑的是“共赢”，考虑的是如何更多地获得多种来源的竞争优势。为此，企业不仅要在内部建立起整合的内部组织结构，而且要考虑与政府、竞争对手、用户、供应商及其他社会性竞争力量建立合作互补的外部关系，以充分利用各种外部的资源。这种观念的变化导致在跨国经营中产生强强合作、强弱联合的战略联盟行为。战略联盟的经营方式使得跨国公司倾向于在竞争中建立起相互信赖与相互依赖的合作关系，并从中获得竞争优势的提升。

跨国战略联盟是指在两个或两个以上的国家中，两个或更多的跨国公司为实现某一战略目标而建立的互为补充、互相衔接的合作关系。战略联盟已广泛地用于各种不同企业间的合作协定，有较正式的合资合营企业、技术合作与联盟、共同研发、国际外包等形式。建立战略联盟是开拓新市场、新空间的一种新形式，也是竞争的一种新方式。大多数战略联盟建立的目的是整合现有的资源，共享资源，并通过努力来实现作为任何一方单独行动都难以成功的结果。

## （二）跨国战略联盟的基本特征

（1）从经济组织形式来看，战略联盟是介于企业与市场之间的一种“中间组织”。联盟内交易既非企业的，因为交易的组织不完全依赖于某一企业的治理结构；亦非市场的，因为交易的进行也并不完全依赖于市场价格机制。战略联盟的经营方式淡化了企业和市场之间的具体界限。

（2）从企业关系看，组建战略联盟的企业各方是在资源共享、优势互补、相互信任、相互独立的基础上通过事先达成协议而结成的一种平等的合作伙伴关系。联盟企业之间的协议关系主要表现为：相互往来的平等性、合作关系的长期性、整体利益的互补性以及组织形式的开放性。

（3）从企业行为看，联盟行为是一种战略性的合作行为，它并不是对瞬间变化所做出的应急反应，而是着眼于优化企业未来竞争环境的长远谋划。因此，联盟行为注重从战略高度改善联盟共有的经营环境和经营条件。特别是在竞争激烈的高科技行业中，没有哪个企业的技术能在任何方面都处于领先水平，而通过战略联盟可把各个企业独有的优势结合起来建立一个“全优”的组织体系，这样的组织体系所具有的实力是任何单个企业所望尘莫及的。借助战略联盟，企业可以实现技术上的优势互补，加快技术创新速度并降低相关风险。在高科技领域，企业组建战略联盟取代“孤军奋战”已成为世界潮流。

## （三）跨国战略联盟的主要动因

促使跨国公司建立战略联盟的动因有很多，一般说来，其主要的动因有如下方面。

### 1. 技术合作

许多研究表明，近年来几乎半数以上的战略联盟的主要动因是促进技术创新。全球企业竞争已进入高科技竞争时期，分享技术资源的需要已成为战略联盟所有动机因素中最强有力的出发点。尤其是在高科技项目的开发活动中，各种尖端技术相互融合、相互交叉，高新技术产品正朝着综合性方向发展。单个企业往往很难拥有足够的技术力量去开发每一项高科技项目，而在产业日益分散化的今天，已经没有哪一个企业能够长期垄断某项技术，企业期望依靠自身力量掌握竞争主动权的难度正变得越来越大，因此需要通过跨国界的企业合作获得互补性技术。技术合作在一些技术密集的产业之中发展很快，如信息产业、计算机产业、医药产生、特殊化学品产业，广泛存在着重要的合作关系，以战略伙伴关系来进行研究与开发活动。

### 2. 避免经营风险

跨国公司通过战略联盟可以避免跨国经营中存在的政治风险、市场风险、技术创新风险等。在现代市场经济条件下，单个企业要想进入新的市场，不仅需要巨额投资，还可能遇到许多风险。企业如果依赖于内部的增值链体系，则要承受越来越大的经营风险，因为其所有的新增值都要在产品的最后一次销售上实现，一旦受阻就全盘皆输。除此之外，当多元化经营普遍成为企业发展的一种有效战略时，由于新业务对某一企业来说往往是一个陌生领域，而且存在行业进入壁垒，因此需要企业承担相当大的市场风险。采用战略联盟降低风险的原因在于：一是其价值实现是分段进行的，联盟实现了优势互补，从而拓展了经营范围，分散了经营风险；二是能够利用更为广泛的网络，从而掌握更多的市场渠道，抑制了市场风险。

3. 全球竞争

建立跨国战略联盟，有利于企业的全球竞争。企业通过建立国际战略联盟，加强合作，可以减少应付激烈竞争的高昂费用，避免恶性竞争或过度竞争，减少竞争中的成本，同时可以共同理顺市场，维护竞争秩序。建立战略联盟还可促使联盟伙伴共同开拓市场，从而提高各自的销售额。如中国国际航空公司与美国西北航空公司结成联盟伙伴，实行代码共享、旅客资源共享、计算机网络信息共享，合作经营太平洋中美航线。

4. 资源互补

资源在企业之间的配置总是不均衡的。在资源方面，或拥有某种优势，或存在某种不足，通过战略联盟便可达到资源共享、优劣势互补的效果。如联想集团与香港导远电脑公司的联盟，就充分嫁接了两者的优势，联想集团的资金、技术优势与香港导远的市场信息优势结合，使它们很快拥有了开拓海外市场的能力。福特与马自达汽车公司通过建立战略联盟，使福特公司得以借助马自达的营销网络更便捷地进入亚洲市场，并依靠马自达的生产能力在日本建立起小型车供应基地；马自达汽车公司也在福特公司的联盟合作中进一步提高了其汽车发动机制造技术。

## 四、影响跨国经营方式选择的因素

### （一）母公司状况

跨国公司母公司自身的状况是影响其选择经营方式的基本因素之一，其中包括技术、资金、管理、文化背景等方面的状况。

1. 技术状况

技术状况在公司的对外投资、跨国经营活动中具有特别重要的地位。如果母公司技术先进，具有单独开发的能力，既可选择技术授权的方式或建立独资企业，又可将技术契约转化为股权，走合资之路；如果技术能力较薄弱，则可选择跨国战略联盟之路。

2. 资金状况

跨国公司若有巨额资金，可以选择独资经营方式；若只有技术而无资金，则只好走“技术授权”或跨国战略联盟之路。

**3. 经营管理能力与要求**

企业制定长期计划而又考虑到自身力量不足，可以选择跨国战略联盟方式。企业若想接近市场或顾客，可选择合资或独资的途径；反之，可选择技术授权的途径。企业若能独自承担经营风险，可选独资经营方式；反之，则选择合资途径。企业若在管理上要求高度统一，掌握决策权，则要选择多数股合资或独资；反之则选择少数股合资或其他途径。企业若不愿派遣主管人员去不同文化背景的国家，即使技术、资金、管理等条件优越，也不宜选择独资或多数股合资的途径。若企业技术、资金条件优越，但缺少管理子公司的能力，最好选用少数股合资、技术授权等方式。

**4. 母公司的文化背景**

不同的文化背景和价值观的差异，必然影响对经营方式的选择。

根据以上条件和要求，跨国公司必须对自身的技术、资金和管理做通盘考虑，然后才能正确选择经营方式。

### （二）东道国状况

东道国状况是影响跨国经营方式选择的又一基本要素，其中包括对跨国公司的税收政策、法律规定及其政治、经济状况等。

**1. 东道国对投资比例的规定**

不同的国家对注册资本有不同的规定，而跨国公司要去投资，就必须按照规定执行。有的国家为了保护国家安全及经济利益，对投资部门、出资比例等有一定的限制。

**2. 东道国对跨国公司税收方面的规定**

若东道国政府在税收上对合资、独资企业有不同规定时，跨国公司须根据税收政策考虑经营方式。

**3. 东道国的特别政策**

例如，阿拉伯国家对以色列进行内部控制，不允许以色列在阿拉伯国家境内开办独资企业，因此在阿拉伯国家没有一家以色列的独资企业。

**4. 东道国的经济状况**

东道国的经济发展状况，包括基础设施的完善程度、市场容量、消费者的消费习惯等，都是影响跨国经营方式的重要因素。

### （三）行业因素

不同的国家从国家主权、产业优化的角度出发，对不同的行业制定了具体的外资投资规定。但从跨国公司自身的行业特点来看，如果是采掘业，一般可采取非股权经营方式；若是高技术制造业，则可采取股权经营方式，其原因是技术、资本、管理有紧密联系，也可避免给自己树立竞争对手。

# 第四节　跨国经营风险管理

## 一、跨国经营风险的含义与类型

跨国经营风险是指企业在东道国特定环境、特定时期从事跨国经营活动时，因国际政治、经济因素、自身管理造成事前难以确定的，从而导致经济损失的可能性。总体来说，跨国经营中的风险包括两大类：一类为政治风险，另一类为市场风险。政治风险一般多发生在作为新兴市场的不发达国家，其发生概率一般小于市场风险，但后果往往较市场风险要严重得多；市场风险在所有国家都有可能发生，对公司经营的影响程度也不尽相同。

### （一）政治风险

政治风险主要是指东道国政权变动、民族对抗情绪、政府干预、宗教冲突事件、叛乱战争、突发事件及官僚主义等。

政权的更迭，往往导致所在国政府的重大人事及相关政策的变动。尤其是在一些法制不健全的不发达国家，将可能推翻前政府对跨国公司在其投资前的各种承诺，极端情况下甚至会没收跨国公司在该国的全部财产，而不给予任何补偿。即使所在国政权不发生更迭，也往往会出现与跨国公司相关的重大政策变化。政策的变化同样会对跨国公司在该国的生产和经营造成重大影响。这些政策包括法律、经济及技术等诸多方面，如合资企业的股比规定、对外资企业的优惠税率及鼓励和限制发展的产品（服务）种类等。政策变化带来的风险虽不如政权更迭严重，但也会给跨国公司的生产和经营带来重大损失，如公司正在生产的产品由于东道国产业政策的变化被终止生产，将会给该项投资带来灾难性的后果。

民族对抗情绪也是跨国公司经常面临的一种风险。跨国公司母国和东道国之间关系紧张或其他原因，致使东道国消费者民族主义情绪激化，进而抵制跨国公司的产品，严重时东道国当局不能控制局面，还会使跨国公司在该国的生产及服务设施遭到毁坏。这些都会给跨国公司带来重大损失。

在很多情况下，政治风险主要是东道国政府介入跨国公司运营过程的可能性，而跨国公司非常担心会失去对东道国经营活动的控制权。这种介入有时非常过激，如全面没收公司资产；不过更多情况下会采取比较缓和的介入形式，如原料采购的调整性限制、政府对经营执照的控制及贸易许可证的限制等。政府干预可分为两种：一种是直接控制跨国企业的业务活动，如没收、征用及国有化等；另一种则是通过政府部门的压力——法律、法规干预间接影响它们的经济决策。如东道国采取外汇管制、标准控制和价格控制等手段：政府在某些产品或企业领域中实行特殊的配额、税率、进口规则和处罚措施，其目的是保护国内的相关产业；各国政府制定并执行了本地含量标准，要求东道国必须占有产成品的零件、成本和生产过程的一定比率；几乎所有的国家都会对重要产品和服务实行各种形式的价格控制，对食品、卫生保健、社会服务、本国原料、林业产品、港口设施、航空设施及其他产品和服务都在不同程度上进行价格控制，并且跨国公司经常会面对各种价格歧视。东道国的政府干预还可能影响到跨国企业在其他国家的相关经营。

此外，所在国境内的战争、动乱、频繁的罢工，甚至政府的官僚主义都是跨国公司在经营中所面临的风险。这些风险大多是由政治因素造成的，一旦发生，跨国公司很难靠自身的力量来扭转不利局面，只能在预防上多下功夫。

### （二）市场风险

同政治风险一样，市场风险也是跨国公司在生产经营中应该注意防范的重大风险。导致市场风险的因素包括有关国家及地区的金融形势、东道国的经济状况、供货商及客户的财务状况等。

有关国家及地区的金融形势恶化将会给跨国经营带来较大的风险，主要表现形式包括目标市场消费能力的下降导致对公司产品和服务的需求大幅降低、业务合作伙伴财务状况恶化导致的履约问题、有关国家和地区政府临时应对措施所造成的正常经营秩序瘫痪等。

东道国的经济状况对跨国公司在该国的子公司有着更直接的影响，具体影响因素包括利率、汇率、通货紧缩和通货膨胀等。所在国如果提高利率，将会减慢该国的经济增长速度，从而降低对商品的需求量，影响跨国公司在该国的销售额。汇率的变化将影响所在国产品的出口竞争力。所在国货币汇率的提高将会给跨国公司在该国生产的产品带来出口竞争力下降的风险。通货紧缩和通货膨胀都会给所在国消费者的购买能力带来不利的影响，从而降低对跨国公司产品和服务的需求。

供货商及客户的财务状况也是跨国公司经营风险的重要成因。供货商经营或财务状况恶化，将导致其生产不能正常进行，不能按时提供跨国公司生产所需的原材料，从而造成生产的中断，不能对客户正常履约，连带出一系列的风险。客户的财务状况恶化，会导致跨国公司的货款不能及时收回，同时将带来公司资金不能正常周转等问题。

除上述客观因素带来的各种风险之外，公司自身的经营失误也会给公司带来较大的风险，包括企业在对外直接投资的过程中，企业内部组织构造、财务管理、人力资源、跨文化管理等管理环节存在的不确定性给企业的经营活动带来的影响，以及生产事故、资金流动性恶化及环保问题等。

## 二、跨国经营风险的判断及监控

风险的判断与监控是跨国企业进行有效风险管理的基础和前提，因此，及早发现面临的风险是制定有效应对措施，将风险造成的损失降到最低限度的重要前提。

### （一）政治风险的判断及监控

同市场风险相比，政治风险的突发性往往要更大一些，但仍有一些迹象和信息可用来判断是否存在政治风险。

#### 1. 东道国与跨国公司母国的关系

一般来讲，如果两国关系密切，或者东道国对母国在政治、军事或经济上有较强的依赖关系，则东道国政策变化导致的风险发生的可能性就较小，反之则可能性较大。

#### 2. 跨国公司子公司所在东道国政权的稳定程度

如果东道国政权稳固，则因政权更迭带来的风险较小；如果东道国现政权面临被反对派取代，特别是该国又是法制不健全的国家，则跨国公司的子公司所面临的投资风险是较大的，如 20 世纪 70 年代伊朗巴列维王朝的倒台就曾给在伊朗的美资企业带来巨大损失。

3. 东道国政治体制和经济体制所处阶段

如果东道国政治体制和经济体制都已进入稳定阶段，则因该国政府相关政策变化而导致的风险较小；如果东道国体制处于非稳定期的转型阶段，则因政策变化导致的风险就相对较大。

### （二）市场风险的判断及监控

市场风险同政治风险相比，监控的手段要多一些，而且在大多数情况下变化较为缓慢，可以从以下几个方面进行观察和预测。

1. 东道国和地区的宏观经济指标

同市场风险相关的宏观经济指标包括 GDP 增长速度、通货膨胀趋势、政府预算水平（政府预算中赤字水平）、利率水平、失业水平、对外贸易收入依存度、进出口贸易额的平衡程度及对外汇的控制能力等。这些宏观经济指标都能从侧面反映出东道国和地区的经济和市场健康程度，从而推断出跨国公司在这些国家和地区的经营所面临的风险。

2. 来自银行方面的信息

宏观经济指标可作为判断风险程度的重要依据，但由于这些指标一般只能在政府官方文件和一些经济期刊中得到，时效性较差，为此，企业可从银行方面搜集更为及时的信息进行防范。

（1）东道国私营企业的投资效益

私营企业的投资效益是衡量一个国家和地区市场风险的重要指标之一。一般而言，在某地区或国家发生经济危机的前一段时间，该地区或国家的私营企业投资收益率都低于其资金成本。如果一个地区或国家的这种状况已经持续了一段时间，则存在较大的市场风险。

（2）利息备付率

利息备付率是指企业在一个时期内产生的现金流量与同一时期应付利息的比值。当一个地区或国家多数企业的利息备付率降到 2 以下时，说明这些企业的流动性风险较大，有可能会出现大面积的破产。

（3）银行的盈利情况

如果一个地区或国家多数银行的资产收益率降到1以下时，或银行间拆借额度大幅上升时，说明银行的盈利情况恶化，预示着该地区或国家存在着较大的金融风险。

（4）资产的泡沫成分

如果一个国家的资产价格连续几年的年增长幅度都在20%以上，则说明该国的经济泡沫成分过大，存在着较大的市场金融风险。投资者可关注房地产和股票市场，因为这些资产一般都作为银行的抵押资产，一旦出现问题，对其他行业影响较大。

（5）银行的存款规模

如果一个国家的金融形势恶化，即将出现大规模的金融危机，其本国居民一般都会比外国投资者先感受到其征兆，往往会停止向银行存款，严重时会大规模提取存款，挤兑银行。如果多数银行的存款规模连续两个季度下降，就说明该国的金融形势存在问题。21世纪初，阿根廷金融危机发生之前，其整个国家的银行存款大约有22%被转移到了国外。

## 三、跨国经营风险的管理

跨国经营风险的管理战略应该成为跨国公司制定其全球经营战略的一个不可分割的组成部分。跨国企业可以通过两种方式进行管理，即防御战略和一体化战略。

### （一）跨国经营风险管理中的防御战略

防御型风险管理战略要求跨国公司最大限度地降低企业对东道国的依赖程度。如果跨国企业海外运营的重新部署成本较低，则该企业面临特定地区管理失控的风险就较小；如果可以从其他地区采购原料或依靠更多的销售市场，跨国企业就可以避免受限于单一的原料供应渠道；如果企业可以扩张其财务资源，就可以避免各种通货问题或东道国政府的直接干预。限定财务或市场管理可以帮助企业最大限度地控制住风险。风险防御战略要素包括以下几个方面。

#### 1. 管理控制

为了保证经营管理的效率，跨国企业可能要始终控制子公司的战略管理职位，以便最大限度地减少当地管理人员在决策中的参与程度。这种预防措施能保证母公司的决策控制权，同时，企业将培训运作系统中职位较低的管理人员，以便提高东道国国内业务活动及其他相关国外业务的一致性。

2. 营销控制

跨国企业母公司与其他子公司进行联合营销来控制当地的营销业务。此外，企业还可以控制配送和运输系统，以避免因工人罢工或国内市场不稳定事件所造成的影响。

3. 运营控制

跨国企业既可以派遣总部管理人员牢牢掌握东道国运营业务的控制权，也可以通过建立独资子公司来实现。IBM 在进入其他国家的市场之前，首先要通过独资子公司建立起运营控制。在风险水平较低的环境中，企业可以通过聘用当地的管理人员来负责子公司的运营工作，也可以建立合资企业共同承担管理职责，由此放松对企业运营的直接控制。

4. 财务控制

跨国企业可以适当减少在风险不稳定国家的产权投资数量，同时可以提高资本构成中的债务比率，降低因外国政府干预或两国间关系变化所造成的财务损失风险。作为一种防御措施，企业可以在东道国进行债务融资。企业管理层应该通过当地银行、政府、当地客户、供应商或者国际发展机构来获得更多的融资渠道。不论企业主要是通过债务还是产权来融资，该企业都可以通过资金来源组合降低财务损失的风险。另外，跨国企业可尽量减少在风险水平较高国家的留存收益，尽快将子公司的利润转移回国，或是建立起成本转移系统来利用这些额外的库存现金。最后，跨国企业通过在贷款抵押、国库券或购买风险方面购买 OPIC 等保险公司的保险，就可以减少币值波动、不履行责任和外汇限制时的财务损失。

## （二）跨国经营风险管理中的一体化战略

一体化风险管理战略的最终目标是把国外业务活动转化为当地企业的需要。

1. 管理因素

为了把东道国国内的经营业务转化为当地企业的需要，跨国企业聘用和培训东道国的管理人员，如果可能的话，企业总部应该把当地的运营控制权完全赋予东道国的主管人员。在很多情况下，当地管理人员在母公司总部接受培训，他们可能会担任较高的地区性职位或在总公司任职。此外，母公司还要重点在东道国的文化环境中培训驻外管理人员。例如，可口可乐公司的中国运营业务是由一名驻外管理人员和一名中国管理人员共同负责的，而且每周要雇用 100 多名员工，所有的业务经理和重要职员都是中国人；总公司每年要花费 200 万美元来进行管理培训，并且在上海建立了专门的培训基地，向子公司的管理人员和新聘用的员工提供职业教育服务。

2. 运营因素

一体化风险管理要求企业在营销、生产和物流方面采取相应的措施，但是这样做经常会与防守战略产生矛盾，因为上述措施主要是强调从当地购买原材料、零件、部件或相关服务。在很多情况下，跨国企业通过与政府采购部门签订合同来购买原材料，由此改善了他们之间的政治关系，并把税收流入转移给了东道国。这些决策增强了企业对当地供应商和劳动力的依赖程度，但同时减少了政府干预或限制性政策引起的政治风险。

3. 政府关系

防守战略可以鼓励企业与东道国政府保持一定的距离，而一体化战略要求企业努力发展与政府间的关系，企业管理人员积极与政界人士建立联系，但他们必须谨慎地避免形成政治操纵的企业形象，通过非政治活动可以达到这种目的，其中包括企业支持卫生、教育、交通运输或住房等方面的社会发展计划。

### （三）风险管理战略的执行

为了提高企业抵御跨国经营风险的效率，跨国公司应使用一体化战略。每种环境都需要详细地审查政治风险与市场风险，结合一国的政治、经济、文化习惯等采取相应的行为。但是，即使一个国家的风险等级较低，如果跨国企业难以融入当地的文化，最好也不要执行一体化风险管理战略，实际上，东道国也可能不欢迎这样的企业战略。

防守型风险管理带有一定程度的孤立主义倾向，而全球性的综合企业很难在世界开放经济体系中执行这种战略，它们只能接受企业结构所引起的风险，实行选择性的风险管理战略，把一体化战略的某些方面和可以看作是防守战略的某些行动结合起来，以便充分利用其所处的经济环境。

# 第九章　管理学在企业创新管理中的实践

## 第一节　企业创新概述

### 一、企业创新的概念

#### （一）企业创新的含义

企业创新，是指从构想新概念开始，到渗透到具体的生产、操作，形成真正的生产力，从而进入市场，最终获得经济效益的全过程。创新不同于发明、创造，也不仅仅是高、精、尖、奇。创新是以市场为导向，以提高经济效益为最终目的的。

在市场经济的浪潮中，企业竞争成败的关键在于企业的创新，而企业创新的关键在于企业的创新能力。企业创新能力是指企业获取先进技术和信息并结合企业内部知识进行吸收，并对知识、技术进行再加工，通过组织、生产和扩散实现经济效益的能力。企业的创新能力越强，企业创新所开辟的市场前景与利益就越大，企业越有可能凸显其竞争优势，提高竞争力。

#### （二）企业家与企业创新的关系

企业家是企业的灵魂，企业家赋予企业不断开拓创新的进取精神，给予企业持久的创新动力；企业家具有强烈的责任感，对企业创新行为予以正面的激励；企业家的本质在于创新，并决定了企业的创新能力。美国经济学家熊彼特在他著名的《经济增长理论》一书中，首次把企业家的创新能力描述为五个方面：采用一种新产品，采用一种新的生产方式，开辟一个新市场，掠夺或控制原材料或半制成品的一种新的供应来源，实现任何一种工业的新的组织。

在目前中国处在由计划经济向市场经济转轨的过程中，因为资本所有者与职业经理人之间的委托代理关系需要较长的时间才能建立起来，所以一位真正的企业家应不同于只具备管理能力的职业经理人，也不同于只重视投资收益的资本所有者，而应该是职业经理人和资本所有者的结合体。企业家的本质是其创造价值的强烈愿望，“企业家是创造价值的经济动物”。真正的企业家，应具有冒险精神，富有创造性，具有发现新市场的眼力，具有洞察顾客需求的洞察力。要想成为一位真正的企业家，需要具备超凡的个人魅力，在对企业的发展和事物的发展趋向上具有一定的预见性，行动和语言要具有感染力，富有激情，具有理性和韧性，更重要的是要具有良好的信用，敢于承诺与兑现，勇于承担责任。

## 二、企业创新的作用

美籍奥地利经济学家熊彼特提出了“创新”的概念。他指出创新是企业家对生产要素的重新组合。创新与发明不同，创新是根据客观的需要，把已有的生产要素，已有的条件、技术组合起来产生一个新的飞跃。创新不一定是发明，但它必须能够组合起来产生一个新的东西，能够提高效率。熊彼特试图通过创新来描述企业发展的原动力，由此得到了社会的广泛承认，也使更多的人认识到创新不但是企业深层次的竞争，也是企业发展的核心动力。

当今世界最大的特点就是变化速度快，尤其是进入20世纪90年代以来，经济全球化的趋势日益高涨，企业的内外经营环境不断变化，企业是否具有变革能力决定着企业的命运。以往企业都是按一条较平滑的生命曲线发展的，生命周期也相对较长，而现在企业基本上是沿着一条波浪线发展的，须随时以创新为支撑，将企业推向新的一浪，而随时又可能被竞争对手的创新浪潮所吞噬，迅速衰落下去。当今企业随时处在立体创新竞争的包围和追赶中。如果企业躺在成果的摇篮里享受曾经创新的美梦，可能很快就会被竞争对手采用更高的创新所超越，因为创新竞争已成为公司竞争的焦点，市场竞争只不过是创新竞争的体现。信息技术的发展和世界经济一体化进程的加快，给创新传播带来了更大的便利，使得创新竞争在世界范围内开展，为敢于创新的企业提供了前所未有的机遇，对因循守旧的企业提出了更为严峻的挑战。

纵观世界企业发展历程，有的企业历经磨难，却能保持几百年长盛不衰；有的企业从无名小卒成为超级巨人；而有的企业却盛极而衰。其原因在于企业对发展战略的创新性选择。合理的发展战略和与之相适应的创新能力不仅能使一个企业获得超常规的飞速发展，还可以使病入膏肓的企业起死回生；不合理的发展战略及墨守成规很可能使优势企业很快变为劣势企业。

## 三、企业创新的环节

企业创新包括多个环节，主要有研究开发创新、产品设计创新、工艺创新和管理创新。这些环节既可单方面实现创新，也可以整体创新。

### （一）研究开发创新

企业依据现有的技术能力，有条件地以各种形式进行研究开发，增强企业研发力量，注重产、学、研相结合，加强组织学习，并在此基础上创造或产生新的生产技术与产品。

### （二）产品设计创新

发明、构思产品设计，从而提高产品的技术含量和性能差异。产品设计创新是指以符合科技、社会、生活发展趋势的且区别于市场上已有产品的新产品来使顾客产生新的需求。其实这种方法就是通常所说的“人无我有，人有我新”。实现产品创新的方式有很多，如在20世纪的美国市场，几乎所有厂商都热衷于生产大型影印机时，日本厂商却把小型影印机推向市场，并很快占领了这片市场，这是产品设计的一个典型范例。

### （三）工艺创新

通过研究和采用新的生产方法，或对原有的生产方法进行改进，从而改进现有产品的生产或提高产品的生产效率。工艺创新对开发新产品、改进原有产品以及提高原有产品的产量和质量都具有重要作用。

### （四）管理创新

改革陈旧的管理体制，引进、吸收如知识管理、生态系统理论、企业整体策略理论等适合本企业的新的管理理念，或根据企业实际创造出新的管理理论与管理模式。

# 第二节　企业创新战略

## 一、观念创新

观念创新的精髓是永远不存在固定的思维模式。世界著名管理大师杜拉克曾经指出：“当今社会不是一场技术的革命，也不是软件、速度的革命，而是一场观念的革命。”华人管理大师石滋宜博士同样指出：“现在是人们的想法、观念必须完全改变的时代。”过去最有价值的东西是看得见的，而现在，最有价值的东西是看不见的，如知识、智慧。过去是企业利益优先，一切以利润最大化作为企业行为标准，而现在要改为以顾客利益优先，一切为顾客着想，让顾客满意。过去看中的是实物财产，现在更重视商品品牌、企业形象等无形资产。

## 二、制度创新

制度创新从社会经济角度来分析企业各成员间正式关系的调整和变革，主要包括产权制度、经营制度和管理制度。

### （一）产权制度

产权制度是决定企业其他制度的根本性制度，它规定着企业最重要的生产要素所有者对企业的权利、利益和责任。不同的时期，企业各种生产要素的相对重要性是不一样的。在主流经济学的分析中，生产要素是企业生产的首要因素，因此，产权制度主要指企业生产要素的所有制。目前存在两大生产资料所有制：私有制和公有制（或更准确地说是社会成员共同所有的“共有制”）。这两种所有制在实践中都不是纯粹的。企业产权制度的创新也许应朝着寻求生产资料的社会成员“个人所有”与“共同所有”的最适度组合的方向发展。

### （二）经营制度

经营制度是有关经营权的归属及其行使条件、范围、限制等方面的原则规定。它表明企业的经营方式，确定谁是经营者，谁来组织企业生产资料的占有权、使用权和处置权的行使，谁来确定企业的生产方向、生产内容、生产形式，谁来保证企业生产资料的完整性及其增值，谁来向企业生产资料的所有者负责以及负何种责任。经营制度的创新应是不断寻求企业生产资料最有效利用的方式。

### （三）管理制度

管理制度是行使经营权、组织企业日常经营的各种具体规则的总称。它包括对材料、设备、人员及资金等各种要素的取得和使用的规定。在管理制度的众多内容中，分配制度是极重要的内容之一。分配制度的创新在于不断地追求和实现报酬与贡献在更高层次上的平衡。

企业制度创新的方向是不断调整和优化企业所有者、经营者、劳动者三者之间的关系，使各个方面的权利和利益得到充分的体现，使组织的各种成员的作用得到充分发挥。

## 三、组织创新

企业系统的正常运行，既要求具有符合企业及其环境特点的运行制度，又要求具有与之相适应的运行载体，即合理的组织形式。因此，企业制度创新必然要求组织形式的变革和发展。

从组织理论的角度来考虑，企业系统是由不同的成员担任不同职务和岗位的结合体。这个结合体可以从结构和机构这两个不同层次去考察。所谓机构，是指在构建组织时，根据一定的标准，将那些类似的或为实现同一目标有密切关系的职务或岗位归并到一起，形成不同的管理部门。它主要涉及管理劳动的横向分工的问题。而结构则与各管理部门之间，特别是与不同层次的管理部门之间的关系有关，它主要涉及管理劳动的纵向分工问题，即所谓的集权与分权问题。不同的机构设置，要求不同的结构形式；组织机构完全相同，但机构之间的关系不一样，也会形成不同的结构形式。组织创新的目的在于更合理地组织企业人员，从而提高劳动的效率。

## 四、技术创新

技术创新是企业创新的保障。通过技术创新，企业能够更好地把握自己的竞争优势。技术创新是以市场为导向，以提高国际竞争力为目标，研究与开发新技术、新工艺、新产品，并通过市场实现其商品化、产业化，最终在市场上检验是否成功的过程。技术创新对经济发展和增强企业竞争力有着重要的推动作用。20

世纪 50 年代以来，新技术革命浪潮的兴起，已在很大程度上代表着一个企业乃至一个国家的产品和产业在国际经济舞台上的地位和竞争实力，这也正是技术创新成为当今世界范围内研究热点之一的重要原因。技术创新具有知识性、创造性、高投入、高效益和高风险等特点。它虽需要政府行为的推动，但其主体是企业自身。在技术创新中，产品创新占有十分重要的地位。因为市场经济条件下企业之间的竞争往往都是通过产品展开的，产品是市场需求的物质体现，产品是企业竞争实力的物化，因此，根据市场需要，按照消费者需求开发和生产产品，并通过市场获得企业所追求的回报必然成为企业产品创新的出发点和归宿。

## 第三节　技术跨越战略

### 一、技术跨越战略的内涵

企业要进行技术创新，必须选择合适的技术创新战略。技术创新战略是企业在市场竞争中利用技术创新获取竞争力的方式。制定技术创新战略，就是为了探索适合中国国情的技术创新之路。就中国目前的情况来看，无论是高技术领域，还是传统产业领域，与世界发达国家都存在差距。这种总体差距的存在，迫使我们要充分利用自己的优势，实现技术跨越，在最短时间内缩小，甚至赶上世界的先进水平。这就决定了中国企业技术创新的战略应围绕技术跨越这个中心来制定。

所谓技术跨越，就是跨越技术发展的某些阶段，直接开发、应用新技术、新产品，进而提高产品竞争力的过程。技术跨越是相对于中国企业目前的技术水平来说的，所以它有两层含义：一层是在某些领域，依靠我们自己的各种优势，通过实施巧妙的创新战略，使我们的技术水平真正达到国际领先或国际先进水平，也就是说直接从较低的技术水平跨越到世界的领先水平，本书称这种跨越为“绝对跨越”；另一层含义是，相对我们目前较低的技术水平，通过我们的努力，越过发展的几个阶段，直接上升到较高的水平，这种水平也可能只是接近世界的平均水平，但是，依靠我们的人力资源、自然资源的优势，照样可以提供在国际上具有强大竞争力的产品，也就是从较低的技术水平跨越到相对自己而言的较高的技术水平，本书把这种跨越称为“相对跨越”。对于我们国家来说，“相对跨越”更不能忽视，因为传统的制造业、流通业、服务业，以及许多其他劳动密集型行业，目前是我们整个国民经济的重要组成部分，这些企业实现技术跨越，必然伴随着企业的跨越式发展，这对我们整个国家经济的影响将是巨大的。

立足国情，就是要根据中国企业的发展状况，制定符合现实的、具有操作性的对策；有所为，有所不为，就是我们应该在具有优势的领域“为”，在具有劣势的领域“不为”，即必须“集中优势兵力打歼灭战”。

## 二、企业技术跨越的模型与途径

为说明企业技术跨越式发展的途径，我们把世界上的国家按经济发达的程度分为三种：一种是经济发达国家，另一种是经济次发达国家，还有一种是发展中国家。发达国家利用人才和科技优势，采用领先创新战略，首先生产出高科技产品，此种高科技产品将在国际市场上经过如下五个过程。

第一，发达国家率先把高科技产品销往次发达国家和发展中国家，并获得高额的创新利润。

第二，随着产品数量的增加，发达国家在继续向发展中国家销售高科技产品的同时，向次发达国家由销售高科技产品改为销售高科技产品的制造设备，继续获得高额创新利润。

第三，随着产品及产品制造设备的普及，发达国家向次发达国家由销售高科技产品的制造设备改为销售制造设备的关键零部件；发达国家向发展中国家由销售高科技产品改为销售制造设备。

第四，随着产品及制造设备市场的饱和，创新利润越来越低，发达国家向发展中国家由销售制造设备改为销售制造设备的关键零部件；发达国家向次发达国家由销售关键零部件改为由次发达国家进口该类产品，因为此时产品的价格已经较低，发达国家依靠进口比自己生产更有利。

第五，当产品市场完全饱和时，发展中国家已经掌握产品的制造技术，并拥有制造设备，所以改向发达国家和次发达国家出口，但此时产品的价格已经很低，没有利润可言。而发达国家已经研究开发出新一代或新种类的高科技产品，由此拉开与上述过程完全一样的新一轮竞争。

在以上五个过程中，发展中国家只能吃发达国家剩下的残羹冷炙。要想改变这种局面，必须打破这种格局，在上述五个过程中，想方设法在第三个过程甚至第二个过程便向发达国家或次发达国家销售产品，因为这时的产品市场还远没有饱和，仍然有可观的创新利润。只要做到这一点，企业便可实现跨越式发展。

## 三、中国企业的技术跨越战略

### （一）基于竞争优势的企业分类

制定一个企业的发展战略，必须发现这个企业的优势和劣势。

中国既有一定数量的高技术企业，更有为数众多的传统制造业，以及分布极广的劳动密集型企业，而不同类型的企业具有不同的竞争优势，这决定了各行业技术跨越的战略也是不同的。因此，按照竞争优势的不同，本书把中国的企业分为高新技术企业、传统制造业、劳动密集型企业三种类型。其中高新技术企业主要是从事信息技术、生物技术、空间技术等高新技术的企业；传统制造业是指从事传统机电设备生产的企业以及一般的家电企业，当然，也不否认里面存在一定的高新技术，但其中的含量较低；劳动密集型企业主要是指从事服装、食品等的生产企业，这些企业的特点是以人工劳动为主，当然，也不否认生产过程中的机械化和自动化。这里需要特别强调一点，我们与发达国家是不同的，目前发达国家的主要力量是发展高技术，而我们不但要发展高技术，还要发展传统制造业以及劳动密集型产业。这不仅是我国国情的需要，还因为我们有自己特有的优势。

在制定技术跨越战略的过程中，一个共同的原则就是：必须充分利用自己的优势，集中力量、重点突破，不能全面出击。

### （二）高新技术企业的竞争优势及跨越战略

中国高新技术企业的竞争优势，体现在以下几个方面。

第一，新技术革命的机遇。科学的重大发现不仅仅取决于物质因素，技术上的重要突破也是如此。特别是新技术革命的到来，给我们提供了千载难逢的机遇。

针对当前高技术产业的竞争，美国经济学家提出“胜者全得”，意思就是，技术上领先一步，则有可能占领该领域的大部分市场。在信息技术飞速发展的情况下，如果在技术上领先，就可以在极短时间内通过先进的通信设施、网络设施，在全球范围内宣布。这就为占领这项技术的大部分市场打下了基础。值得注意的一点是，在新技术的应用上，所有国家和企业都面临相同或相似的机遇，大家都处于同一起跑线上，关键看谁领先一步，其中的关键就在于创新。也就是说，我们的命运在很大程度上掌握在自己手中。

第二，发展中的后发优势。除了新技术革命带来的良好机遇外，我们还有一个重要优势，那就是发展上的后发优势。

发达国家的产业结构体系完整而且联系密切，具有强大的惯性，如果进行结构调整，成本过大，也将需要付出沉重的代价。而对于我们国家，许多主导产业还处在初级阶段，这样可以不用重复产业发展的全过程，直接从高起点开始，实现技术跨越式发展。

第三，中国的高新技术企业直接面对庞大的中国市场需求，直接感受需求的强烈刺激，这是国外的企业或跨国公司所不具备的竞争优势。中国的高新技术企业扎根于中国的土壤，它们更了解中国市场对高新技术的需求。

第四，中国的高新技术企业易于根据中国现有技术的不足，发现未来的需求。更容易根据中国人的消费习惯、心理需求，掌握和预测未来的需求。

第五，中国人在某些特殊高科技领域具有天赋。软件是计算机的灵魂。软件产业被称为21世纪的“黄金产业”。中国人的文化传统、思维方式、严密的逻辑思维和勤奋精神，具备了开发软件的天赋。在软件最发达的美国，有1/3的软件高级开发人员和管理人员是华人，这充分说明了我国具有发展软件产业的人才优势。

第六，结合中国的国情，创造性地吸收国外的先进管理经验，可以使企业短时期内大大提高竞争能力，这既是一种技术创新，也是一种跨越。

根据中国高新技术企业的竞争优势，我们提出技术跨越的战略。这种战略分为两种模式：第一，利用当代最先进的技术平台，根据自己特有的竞争优势，重点突破某些关键技术，力争在某些特殊领域，使自己的产品进入领先行列；第二，利用当代最先进的流通管理技术和方法，积累资本，成为明星企业，然后利用雄厚的资本，进行技术跨越，研制名牌产品，成为名牌企业。

一个企业究竟采用何种战略，取决于企业的实际情况。一般来讲，如果企业创建之初已在某个高技术领域有较多的技术积累，比如储备了很多有市场潜力、技术领先的专利，只是需要在一个企业的环境中使技术工程化、商业化、市场化，那么在这种情况下，企业宜采用第一种跨越战略；反之，如果企业创建之初不具备这个条件，那么只能采用第二种跨越战略。实际上，在我们中国，北大方正基本上就是采用了第一种模式，因此我们可以把这种模式称为“方正模式”；而联想集团基本上采用了第二种模式，因此我们可以把第二种模式称为“联想模式”。

### （三）劳动密集型企业的竞争优势与跨越战略

中国劳动密集型产业的竞争优势体现在以下几个方面。

第一，劳动力成本很低，而这种行业的主要成本是由劳动力的成本决定的。中国的劳动密集型产品，不仅在发达国家具有市场竞争力，在新兴的工业化国家和地区也颇具市场竞争力。

第二，在中国的所有企业中，劳动密集型企业的管理水平是最低的。在国外企业及跨国公司的影响下，以及在中国先进管理企业的带动下，中国劳动密集型企业易于在短期内实现管理水平的大幅度提高，从而大大提高经济效益，提高市场竞争力。

第三，随着高新技术的发展，以及先进制造技术的普及，也会使得劳动密集型企业的技术水平以较小的代价提高到较高的水平，从而实现技术跨越。

根据中国劳动密集型企业的竞争优势，我们提出的技术跨越战略是，紧紧抓住劳动力成本低的优势，结合关键技术的突破，提高产品竞争力；或者依靠管理跨越，积累资本，最后实现技术跨越。

### （四）管理跨越是技术跨越的保证

大企业为了在短期内实现管理水平的跨越，应注意把学习国外的先进管理经验与中国的国情结合起来，可以采用国外管理专家高级培训的方式，也可以直接派人员到著名跨国公司实地学习、培训、提高。

对于数量众多的中小企业，一般来讲，其管理水平比大企业要落后一些。我们认为，提高中小企业管理水平的一条捷径就是，企业可以与高校或科研单位联合，通过管理咨询来解决。

企业技术的跨越式发展，可以带动一个企业实现跨越式发展，但是，要使企业能够在跨越式发展后持续稳定地向前发展，还必须有先进的管理做保证，即在成功实现技术跨越的同时，必须实现管理科学化的跨越。

## 第四节　学习型组织

学习型组织管理理论很容易给人造成一种错觉，让人觉得这是一种学习理论，其实它是一种管理理论。学习型组织管理理论不是一般的管理知识，也不是一般的管理技巧，而是当今最前沿的管理理论。学习型组织管理理论是一个宏观的管理理论，这主要是因为“组织”的范围非常广泛。学习型组织管理理论适用的范围大到一个国家，小到一个家庭。

学习型组织是美国麻省理工学院教授彼得·圣吉在其所作的《第五项修炼——学习型组织的艺术与实务》中首次提出的。现在“学习型组织”已经作为一种全新概念与重大趋势在西方管理界引起强烈反响并被付诸实践，也深刻地影响着当今政府和各类教育组织。从理论上讲，一些杰出的思想家近百年的探索结果，为学习型组织理论的形成奠定了基础。学习型组织的理论基础是“系统动力学”。系统动力学的创始人是MIT的佛瑞思特教授。圣吉是佛氏的学生。在他的指导下，圣吉花了十年时间研究出学习型组织的理论与实务。佛氏使用系统动力学的方法，融合了自然科学中深奥的混沌理论及复杂性科学，深入思考社会、企业及其他组织形态复杂变化的本质。圣吉正是在他老师佛氏发表的论文《企业的新设计》的基础上，汇集了其他人的新思想，才完整地提出了“学习型组织”的一套概念与分析框架。

所谓学习型组织，是指通过培养弥漫于整个组织的学习气氛，充分发挥员工的创造性思维能力而建立起来的一种有机的、高度柔性的、扁平的、符合人性的、能持续发展的组织。这种组织具有持续学习的能力，具有高于个人绩效总和的综合绩效。

## 一、创建学习型企业的意义

学习型组织理论认为，在新的经济背景下，企业要持续发展，必须增强企业的整体能力，提高整体素质，也就是说，企业的发展不能只靠像福特、斯隆、沃森那样的伟大的领导者一夫当关、运筹帷幄、指挥全局，未来真正出色的企业将是能够设法使各阶层人员全心投入并有能力不断学习的组织——学习型企业。

成功的学习型企业应具备六个要素：一是拥有终身学习的理念和机制，重在形成终身学习的步骤；二是多元反馈和开放的学习系统，重在开创多种学习途径，运用各种方法引进知识；三是形成学习共享与互动的组织氛围，重在企业文化；四是具有实现共同目标的不断增长的动力，重在使共同目标不断创新；五是工作学习化使成员活化生命意义，重在激发人的潜能，提升人生价值；六是学习工作化使企业不断创新发展，重在提升应变能力。

创建学习型组织的意义在于：第一，它弥补了传统企业组织的缺陷。传统企业组织的主要问题是分工、竞争、冲突、独立，降低了组织整体的力量。更为重要的是，传统组织的注意力仅仅关注于眼前细枝末节的问题，而忽视了长远的、根本的、结构性的问题，这使得组织的生命力在急剧变化的世界面前显得十分脆弱。学习型组织理论分析了传统组织的这些缺陷，并开出了医治的“良方”——“五项修炼”。第二，学习型组织为组织创新提供了一种操作性比较强的技术手段。学习型组织提供的每一项修炼都由许多具体方法组成，这些方法简便易学。此外，圣吉和他的助手还借助系统思考软件创建起实验室，帮助企业管理者在其中尝试各种可能的构想、策略、意境的变化及种种可能的搭配。第三，学习型组织理论解决了企业生命活力问题。它实际上还涉及企业中人的活力问题。在学习型组织中，人们能够充分发挥生命的潜能，创造出超乎寻常的成果，从而由真正的学习体悟出工作的意义，追求心灵的成长与自我实现，并与世界产生一体感。第四，学习型组织提升了企业的核心竞争力。过去讲的企业竞争力是指人才的竞争，而学习型组织理论讲的企业竞争力是指企业的学习力。在知识经济时代，获取知识和应用知识的能力将成为竞争能力高低的关键。一个组织只有通过不断学习，拓展与外界信息交流的深度和广度，才能立于不败之地。人们可以运用学习型组织的基本理念，去开发各自所置身的组织创造未来的潜能，反省当前存在于整个社会的种种学习障碍，使整个社会早日向学习型社会迈进。或许，这才是学习型组织所产生的更深远的影响。

尽管学习型组织的前景十分迷人，但如果把它视为一贴“万灵药”则是危险的。事实上，学习型组织的缔造不应是最终目的，重要的是通过迈向学习型组织的种种努力，引导一种不断创新、不断进步的新观念，从而使组织日新月异、不断创造。

## 二、学习型组织的真谛

学习型组织的真谛可以概括为以下三个方面。

### （一）学习力

学习型组织是全体成员全身心投入并有能力负担学习的组织。过去讲的企业竞争，说到底是人才竞争。其实这不完全对，根据学习型组织理论，企业竞争说到底是学习力的竞争。

### （二）体验生命的意义

学习型组织是让员工体会到工作中生命意义的组织。人的需求是多层次的，最低的是温饱，然后是安全感，最高是归属感，更高的需求是实现自身价值。企业只有满足了他们的温饱、安全及归属的需求，员工才能有更高的追求。作为管理者，要尊重员工，公平对待员工，否则，员工就不会认真工作。企业要成功，让员工只贡献手是不够的，还要让他们贡献脑。

对于企业来说，必须注重双元原则。所谓双元，第一就是企业的发展，第二就是要注重员工的发展。一个只注重企业发展而不注重员工发展的企业是不会成功的。作为员工来讲，既要注重个人的发展，又要想到企业的发展。因此，组织的各层领导要让员工体验到工作中生命的意义。

### （三）创造力

学习型组织的核心理念就是创新，而且是持续的创新。在知识经济时代，知识的积累依靠学习，创新的起点在于学习，环境的适应依赖学习，应变的能力来自学习。这就需要一种重视学习、善于学习的文化氛围，因而企业不再是一个终身雇用的组织，而是一个“终身学习的组织”。现代企业只有作为一个不断学习的组织，才能够“善于创造、寻求以及转换知识，同时能根据新的知识与领悟而调整行为”，正所谓终身学习，永续经营。因此，企业如果想要成功，就要努力建设成为学习型组织，努力使创新成为企业发展的主旋律。

## 三、学习型组织的特点

学习型组织具有如下九大特点。

### （一）组织成员拥有一个共同的愿景

组织的共同愿景，来源于员工个人的愿景而又高于个人的愿景。它是组织中所有员工愿景的总和，是他们的共同理想。它能使不同个性的人凝聚在一起，朝着组织共同的目标前进。

### （二）组织由多个创造性个体组成

企业的工作有两类：一类是反映性的，另一类是创造性的。反映就是上级来检查了下级反映一下，出了事故反映一下。反映有什么作用？最多能维持现状，绝大多数人、绝大部分精力都用于反映，而没有用于创造。企业的发展是创造性的工作。没有创造性，企业就会被淘汰。

### （三）善于不断学习

这是学习型组织的本质特征。所谓“善于不断学习”，主要有以下四点含义。

（1）强调“终身学习”，即组织中的成员均应养成终身学习的习惯，这样才能形成良好的学习气氛，促使其成员在工作中不断学习。

（2）强调“全员学习”，即企业组织的决策层、管理层、操作层都要全身心投入学习，尤其是经营管理决策层，他们是决定企业发展方向和命运的重要阶层，因而更需要学习。

（3）强调“全过程学习”，即学习必须贯穿于组织系统运行的整个过程之中。约翰·瑞定提出了一种被称为“第四种模型”的学习型组织理论。他认为，任何企业的运行都包括准备、计划、推行三个阶段，而学习型企业不应该是先学习然后进行准备、计划、推行，不要把学习和工作分割开，应强调边学习边准备、边学习边计划、边学习边推行。

（4）强调“团队学习”，即不但重视个人学习和个人智力的开发，更强调组织成员的合作学习和群体智力（组织智力）的开发。在学习型组织中，团队是最基本的学习单位。团队本身应理解为彼此需要他人配合的一群人。组织的所有目标都是直接或间接地通过团队努力来达到的。

学习型组织通过保持学习的能力，及时铲除发展道路上的障碍，不断突破组织成长的极限，从而保持持续发展的态度。

### （四）兼学别样

组织中的成员不仅要掌握本岗位上的工作技能，而且要了解其他岗位的工作内容并具备这个岗位所需的工作能力。只有这样，工作才能顾全大局、相互协作、高效，做到组织精简。

### （五）扁平式结构

传统的企业组织结构是“金字塔式”的垂直组织结构，而上下级之间是决策输送和信息反馈的关键结构。上情下达或下情上达同样都要经过中间的层层结构传递，这可能会导致诸如信息损耗大、传递成本高、传递速度慢等不良后果。另外，企业内部的不同职能部门，可能会形成部门职员之间沟通与合作的障碍。这种严格定位、分级负责的模式在传统经济发展阶段由于行业发展的可预测性较强而比较有效，但面对变化多端的现代化市场行情则变得反应迟缓，缺乏灵活机动性。西方经济学者把传统企业组织模式的失效归因于传统企业组织里一贯的“边界”，认为传统企业之所以存在边界，其原因在于按照需要把员工、业务流程及生产进行区分，使各要素各有专攻、各具特色。但是，经济发展的现实是经济信息化和全球化从根本上改变了企业生存的内外环境，要求企业从内部到外部建立合作、协调、高效的机制，改变大规模生产观念为灵活生产，变分工和等级为合作，调动职工积极性，协调外部经营环境，这就是对企业边界改革的呼唤。

学习型组织结构是扁平的，即从最上面的决策层到最下面的操作层，中间相隔层次极少。它尽最大可能将决策权向组织结构的下层移动，让最下层单位拥有充分的自主权，并对产生的结果负责。

### （六）无边界行为

无边界行为是通用电气公司第八任总裁韦尔奇提出的。韦尔奇反对通用旧有的“不是土生土长的”观念，提倡员工之间、部门之间、地域之间进行广泛的相互学习，吸取新思想。他说：“你从越多的人中获取智慧，那么你得到的智慧就越多，水准被提升得越高。”这种“无边界”的推广，使得通用公司将注意力集中在发现更好的方法和思想上，促使公司发展不断升级。“无边界”成为通向学习型文化和自我实现的关键一步。为了真正达到“无边界”的理想状态，韦尔奇坚决执行减少管理层次的决策，加强公司硬件建设；大力提倡全球化思维；创立“听证会”制度。“听证会”制度不仅使普通员工参与公司的管理，而且成为领导者和员工相互沟通、学习的场所，大大提高了工作效率。

无边界行为是企业组织结构的创新。无边界原理认为，企业组织就像生物有机体一样，存在各种隔膜，使之具有外形或界定。虽然生物体的这些隔膜有足够的结构强度，但是并不妨碍食物、血液、氧气、化学物质畅通无阻地穿过。得益于这种现象的启发，企业各部门、上下级之间虽然存在边界“隔膜”，但信息、资源、构想及能量也应该能够快捷、便利地穿过企业的“隔膜”，像没有边界一样。虽然企业各部门的职能和界定仍旧存在，仍旧有权高任重的领导，有具有特殊职能技术的员工，有承上启下的中层管理者，但组织作为一个整体的功能，可能已远远超过各个组成部分的功能之和。可以看出，无边界原理其实是以有边界为基础的，并非对所有边界的否定，其目标在于讨论让各种边界更易于渗透、扩散，更利于各项工作在组织中顺利开展和完成。

### （七）自主管理

按照学习型组织理论，现在的企业管理方式有两类：一类是权力型的，另一类是学习型的。权力型的基本管理模式是等级式的，一级级管下来，问题要一级级上报。这种方法的一个致命弱点就是任何问题都是权力大的人在做主，虽然大多是正确的，但不可否认也有下级正确的时候。有许多工作在基层的员工中有好的想法和经验，因而要充分发挥员工的管理积极性，实行自主管理。自主管理是使组织成员能边工作边学习，使工作和学习紧密结合的方法。通过自主管理，可由组织成员自己发现工作中的问题，自己选择伙伴组成团队，自己选定改革进取的目标，自己进行现状调查，自己分析原因，自己制定对策，自己组织实施，自己检查效果，自己评定总结。团队成员在自主管理的过程中，能形成共同愿景，能以开放、求实的心态互相切磋，不断学习新知识，不断进行创新，从而提高组织快速应变、创造未来的能力。日本企业几乎都实行自主管理，不定期地召开会议，气氛很活跃，领导们都坐在后面以示支持。一位聪明的领导不仅要让员工的手动起来，还要让他们的脑动起来，给他们以自主管理的机会，肯定他们的工作成果，让他们体会到人生价值。这样，他们就乐于奉献，领导也就成功了，企业也就成功了。

当然，实行自主管理，必须拥有高素质的员工，这就需要学习。

### （八）员工家庭与事业平衡

学习型组织努力使员工丰富的家庭生活与充实的工作生活相得益彰。学习型组织对员工承诺支持每位员工充分的自我发展，而员工也以承诺对组织的发展尽心作为回报。这样，个人与组织的界限将变得模糊，工作与家庭之间的界限也将逐渐消失，两者之间的冲突必将大大减少，从而提高员工家庭生活的质量（满意的家庭关系、良好的子女教育和健全的天伦之乐），达到家庭与事业之间的平衡。

### （九）领导者的新角色

在学习型组织中，领导者是设计师、仆人和教师。领导者的设计工作是一个对组织要素进行整合的过程，他不只是设计组织的结构和组织政策、策略，更重要的是设计组织发展的基本理念；领导者的仆人角色表现在他对实现愿景的使命感，他自觉地接受愿景的召唤；领导者作为教师的首要任务是界定真实情况，协助人们对真实情况进行正确、深刻的把握，提高他们对组织系统的了解能力，促进每个人的学习。

## 四、五项修炼——学习型组织的前提

创建学习型组织必须进行五项修炼。这五项修炼是自我超越、改善心智模式、建立共同愿景、团队学习、系统思考。五项修炼告诉我们一个人怎样从一般的人变成学习型的人，一个企业如何从一般的企业变成学习型的企业。

### （一）第一项修炼——自我超越

自我超越是一个人、一个组织不断进取的精神基础，它使每个人不断加深个人的真正愿望，集中精力，培养耐心，并客观地观察现实。具有这种能力的人，对待生命的态度就像对待艺术作品一样，全身心投入，不断创造和超越，是一种真正的“终身学习”。组织整体的学习意愿和学习能力，就植根于个别成员的自我超越能力。遗憾的是，几乎没有任何组织鼓励它们的成员以这种方式成长。

每个企业都想越来越好，都想有所超越，但靠别人推一推，你才超一超，你的企业是没有前途的。一个企业要具有很强的自我超越能力，必须具备三个要素：一是开展境界教育。日本有家钢铁公司，在公司门口竖了一个很大的“人”，告诉员工应把公司建成钢铁巨人，这就是他们的境界教育。二是把契约性工作转变为创造性工作。企业搞合同制，而合同从管理学上讲就是契约。一个契约性员工的创造力是不大的，因为他会认为他的工作就是合同里规定的，无须创造。三是向极限挑战。个人有个人的极限（年龄极限、体能极限、知识极限等），企业有企业的极限（市场极限、死亡极限等），只有不断向极限挑战，才能超越自我。

### （二）第二项修炼——改善心智模式

心智模式是一个人思考问题、观察世界的基本模式。个人很难意识到它的存在，这阻碍了个人思考能力的提升。

心智模式有三个特点：根深蒂固，俗话说“江山易改，本性难移”；自我感觉良好；人无完人。

怎样改善心智模式呢？第一，学会照镜子。必须把镜子面向自己，看看自己的心智模式有哪些不妥，一个人就是要不断地照镜子。作为一位老总，身居高位，你的部下对你说话是很谨慎的，你能听到的顺耳的话居多，如果不学会照镜子，久而久之，就会偏离方向。第二，学会有效地表达自己的想法。表达不清楚，还要别人理解，那就是强人所难了。第三，学会开放心灵，容纳别人的想法。

### （三）第三项修炼——建立共同愿景

如果我们观察那些屹立商海数十年不倒，而且蒸蒸日上的企业，就会发现它们有一个共同的特点，就是企业始终有一个真正被员工衷心渴望的共同愿景。一个缺少全体衷心共有目标、价值观与使命的组织，必定难成大器。

共同愿景是指愿望与远景，由三个要素组成：目标、价值观、使命观。共同愿景对学习型组织至关重要，它为学习聚焦、提供能量。只有当人们致力于实现共同的愿望和共同关注的远景时，才会产生自觉学习的动力，才会真诚地奉献和投入，从而取代员工的抱怨以及对领导个人的被动服从。一个企业光有目标还不行，还必须有共同的价值观和使命观来作为达到目标的保证。企业的价值观就是企业精神的灵魂，是企业保持正确航向的指挥棒。价值观是一个体系，有了一个正确的价值体系，才能使全体员工向一个方向迈进。美国通用电气公司的总裁韦尔奇制定了一个不断修正的价值体系，使通用成为世界上最赚钱的公司之一。使命是企业肩负的重任，是一种境界，而一个没有使命感的企业是不会成功的。长虹就以振兴民族电子工业为己任，这些年的发展表明，长虹已成为中国彩电业的翘楚。

### （四）第四项修炼——团队学习

过去企业要取胜，关键靠一两位领导人，只要把劳动力组织好，企业就能成功。现在是信息社会、知识经济时代，企业要成功就要靠知识，靠组织团队学习，开发整个团队的人力资源。

为什么会存在团队学习的障碍呢？关键是自我防卫心理；为了保护自己，不提没有把握的问题；为了维护团结，不提分歧性的意见；为了不使别人难堪，不提质疑性的问题；为了使大家接受，只做折中性的结论。

### （五）第五项修炼——系统思考

系统思考是第五项修炼。圣吉认为第五项修炼最重要，这就是为什么《第五项修炼》讲的是五项修炼而却叫此名。改善心智模式和团队学习是基础；自我超越和建立共同愿景是向上的张力；系统思考是核心，好比是火箭的发动机。

# 第五节　知识管理

## 一、知识管理的概念和内涵

### （一）知识型企业的概念

知识型企业是以知识为资源配置要素，为知识创新提供网络化组织框架，主要从事知识产品生产、知识服务的企业类型，其主要包括以下三个方面。

第一，知识已成为企业的第一资源要素，而不是传统企业的资本或其他。

第二，仅有知识的投入比例较高还不够，关键是企业能够建立为知识的传递、共享提供前提的网络化组织形态。

第三，企业的运行过程是围绕知识的生产和创新组织起来的，其产品是知识产品而不是一般的物化产品。

### （二）知识管理的内涵

知识管理就是为实现显性知识和隐性知识共享寻找新的途径，以取得高速发展的过程。知识管理作为一种系统化的流程，用以获得、创造、综合、学习、分享和使用信息，提高洞察力及经验，从而实现企业目标。

知识管理是一个过程，而个人通过这一过程学习新知识并获得新经验，并将这些新知识和新经验反映出来，进行共享，以促进培养、增强个人的知识和机构组织的价值。数据在其中是没有特定含义且未被加工的原料。另外，信息是有特定含义的数据，与个人、团体或机构组织有关。如果这些信息被应用了，它们就成了知识。彼得·德鲁克认为，知识管理的最终目标是指企业通过利用智力资本来获取竞争优势的过程；企业通过开发、组织、整合和共享知识来获取竞争优势。

知识管理的一个突出特点是“以人为本”的思想。这种思想从它重视隐性知识就可以体现出来。对于以知识为基础的组织来说，隐性知识是知识创新的关键。人们发现问题和解决问题的能力，掌握的技术技能和技术秘密，工作中的经验和判断力，决策时所具有的洞察力和前瞻性，都是隐性知识的直接体现。大量的隐性知识没有通过文字表述出来，因此，在以往的管理中没有引起人们的重视。随着越来越多的人认识到隐性知识与知识创新的内在相关性，隐性知识的价值逐渐引起重视。知识管理的核心就是要创造一种能够使隐性知识与显性知识产生互动的机制和平台，使隐性知识能够表述出来并转化成为组织所共享的知识。组织拥有的知识库和信息交流平台能帮助每个人内化集体的隐性知识，并不断发展和成长。从这个意义上讲，工作并不是简单地输出，而是一个不断学习、不断进行知识输入和输出的过程，这就是学习型企业的实质。认识隐性知识的价值会使人们从一个全新的视角评价员工的价值，并将组织的信息管理与员工的工作需要密切结合起来。

知识管理扩大了人们对知识范畴的认识，这是知识管理的一大贡献。在经合组织提出的知识框架中，既包括显性知识（如可以通过书本或教育与培训获得的原理知识和事实知识），又包括隐性知识（如在实践中获得的技能知识、与人际网络有关的关系知识等）。以往信息管理的重点是已经发布的数据和知识成果，如果我们从知识创新过程进行分析，这一部分是最终的结果。但在这个结果形成前，整个知识创新过程是由大量显性知识、隐性知识、社会关系知识甚至灰色知识共同构成的，它们之间大量交叉融合、相互诱发、相互转化。从这个意义上讲，以往的信息管理比较强调对结果的记录，而知识管理则强调将人、信息资源和信息平台整合在一个交流和共同的环境中。提升人的决策和行动能力是知识管理的最终目标。

在企业管理的具体实践中，存在着很多问题与知识管理直接或间接相关。如一些企业（特别是知识密集型企业，如软件企业、咨询公司、研究所等）不清楚本企业已经拥有哪些知识，也不知道企业已有的知识存储在哪里，结果当一个新项目到来时，企业的员工要花很多时间重复开发企业已经存在的知识，以至于导致浪费；有些企业不清楚自己与竞争对手相比缺乏哪些知识，盲目投资，结果导致失败；有些企业不清楚人才流动或流失会带走哪些隐性知识，也没有有效的措施确保企业能够将损失降到最低限度。这些老问题需要我们从一个新的视角来加以解决。在我们今天所处的时代，信息是过剩的，但知识特别是隐性知识是稀缺的。当我们的工作和决策被大量良莠不齐、毫不相关的信息所包围时，我们需要真知灼见和火眼金睛帮助我们发现那些真正有价值、可直接用来决策的信息。这时，人们所拥有的战略眼光、经验、直觉、洞察力就成为过滤器和度量衡。因此，对知识的管理是在信息管理之后又一次对人力资本价值的回归，是对智力资本价值的重新审视，是在数据管理、信息管理之后登上的又一个新台阶。

## 二、知识管理的特征和类型

### （一）知识管理的特征

企业知识管理具有以下特征：重视对企业员工的精神激励，赋予员工更大的权力和责任，充分发挥员工的自觉性、能动性和首创性；重视企业知识的流动、共享和创新，运用集体的智慧，提高企业的应变能力和创新能力，增强企业的竞争能力；重视企业知识和人才，促使企业成长为学习型组织；重视企业文化的建设；重视领导方式的转型。

### （二）知识管理的类型

一个组织的知识管理水平可以从以下几个方面加以衡量：组织的决策模式，外部知识的获取模式，员工的学习模式，员工间的沟通模式、沟通内容和沟通手段，组织信息对内部员工的开放程度，有关制度的完善程度，等等。根据变量，可以将知识管理划分为以下几种类型。

（1）控制型：其特征是领导不相信员工的知识或诚意，他可能也重视外部信息，但主要靠自己收集并且多数情况下是凭经验去理解；他不断向员工发出指示和指令而很少听取员工的建议；组织的关系网络也主要由他控制。

（2）专家型：其特征是领导较重视内外专家的知识和建议，支持有经验者对新手的传帮带，有培训制度但不正规，有沟通但普通员工影响不了决策。

（3）交流型：其特征是有正规的培训制度和公共资料库，员工之间有多种形式的交流并能影响组织决策。

（4）开发型：其特征是有较完善的知识开发和共享制度，员工愿意把自己的知识和关系网络奉献出来。

（5）网络型：其特征是知识管理系统化、日常化。网络技术作为组织管理的重要手段，使知识的收集、传播和利用变得十分快捷和有效。知识管理成为组织活动的主要内容。

一个组织在知识管理上处于什么类型，会受到人员素质、组织规模、盈利状况及行业性质等因素的制约。在知识经济比较发达的美国，网络型知识管理被视为组织管理的最佳模式，有 20% 的高科技公司和大多数政府部门利用网络型知识管理来提高效率。IBM 等一些著名公司还专门成立了知识管理的研究机构。

# 第六节 柔性管理

## 一、柔性管理的基本理念

“柔性管理”是相对于“刚性管理”提出来的。“刚性管理”以规章制度为中心，用制度约束和管理员工。而“柔性管理”则是以人为中心，对员工进行人性化管理。

所谓柔性管理，从本质上说是一种对“稳定和变化”同时进行管理的新战略。随着科学技术的飞速发展，生产与供给能力急剧膨胀，产品生命周期在迅速缩短；随着经济全球化进程的日益推进和网络技术的日益普及，全球各地的市场已趋饱和；消费偏好瞬息万变，全球市场变成了一个由个性化、多样化与人性化组成的变幻不定的万花筒。在表面上混沌的纷杂现象中，看出事物发展和演化的自然秩序，洞悉到下一步前进的方向，识别出潜在的未知需要和未开拓的市场，进而预料到变化并自如地应对变化，这就是柔性管理的任务。

柔性管理理念的确立，以思维方式从线性到非线性的转变为前提。线性思维的特征是历时性，而非线性思维的特征是共时性，也就是同步转型。这种同步转型至少有以下三个方面的含义。

### （一）拉式战略与推式战略的同步

拉式战略以满足顾客偏好为经营导向，根据顾客的偏好调整企业内部资源与企业经营行为。在拉式战略下，企业与顾客约定在未来某一时点，企业供给某种规格和品质的商品，企业再根据这种要求，开始向后规划必要的制作流程与零部件，以便相关的生产活动能够同步进行，同时核算所需的成本。推式战略则是企业根据自己现有资源、能力以及自己对市场的了解制定产品开发方向。在推式战略下，规划从现在出发并向前延伸，每个阶段的工作完成之后再启动下个阶段的工作。在推式战略中，产品的开发过程是一个线性过程，即研究、开发、制程设计，以及制造、营销等均是直线进行；而在拉式战略中，生产经营的所有活动同时沿着几条轴线并列进行，产品开发的过程可来自企业的任何一个部门。简单地说，拉式战略根据市场要求调整企业经营行为，而推式战略根据企业的现有能力确定经营行为；拉式战略富有弹性，而推式战略则缺乏弹性；拉式战略能迅速推出新产品，而推式战略调整产品规格与品质的能力较差。不过，成功的企业必定是能够熟练应用这两种策略的企业。

### （二）稳定与变化的同步

科学管理的时间观是单向的，即过去、现在与未来，它关心的是时间流逝过程中各个方面表现出的差异性，即所谓的历史。而同步的时间观所关心的则是“产品基因”，也就是在时间流逝过程中反复出现在各种新产品中的基本要素，例如钢铁、半导体、电脑芯片、通信等。它们是“自然的精灵”，体现在所有产品之中，并成为所有产品智能化、个性化、人性化的基础要素。同步的时间观最有利于充分利用现有能力和技术，最有利于以最小的成本获得最大的收益。它的最大缺点是以现有的单项技术为基础，不利于特定技术的进步与开发。特定技术的进步与开发需要单向的时间观，即关系创造差异。因此，在奉行稳定与变化同步的理念时，就要同时注重差异与“基因”，从而确保企业处于领先市场一步的绝对优势地位。

### （三）根回与融合的同步

所谓根回，就是细心研究与企业生存密切相关的一切方面，并细心地关注这些方面，如企业内各部门的关系、领导与下属的关系、企业与顾客的关系、本企业与其他企业的关系等。从技术的角度说，根回的延伸意义是指与经济发展密切相关的所有方向。例如，将经济体系比喻为“食物链”，半导体晶片是“产业之米”，将其植入不同的产品里，便给不同的产品装上了大脑。约翰·史考利在《苹果战争》中描述的就是这一过程。苹果公司的研发像是一个没有终点的发现之旅，在每个终点站卸下产品，并装上“心灵之翼”。而融合则是一种“新—新”结合，是新的理念、新的技术、新的管理方式、新的运作方式等的结合。融合是创新的重要源泉。根据“创造力的团体理论”，如果马车和引擎都已经存在，那么汽车的发明其实只是早晚的问题。然而，在人们没有树立起自觉的融合思维方式时，这一点又不是必然的。理论与实践都已经证明，同步的东西将会融合，财富创造的源泉来自同步的相关理念、技术、结合方式的融合。

## 二、柔性管理的实施要素

柔性管理就是要通过创造对“稳定和变化”同时进行管理的方法，使企业对变幻不定的市场做出灵活、迅速、及时的动态反应，以达到保持和获得竞争优势的目的。为实现这一目标，企业必须坚持“复眼式”的经营原则，打破原有的分工边界，充分利用外脑，在了解各方面信息的基础上，采用柔性的生产技术和动态的组织结构，充分发挥全体员工的创新动力。

## 三、柔性管理在管理活动中的主要体现

### （一）管理决策的柔性化

管理决策的柔性化首先表现在决策目标选择的柔性化上。传统决策理论认为，决策目标的选择应遵循最优化原则，它所寻求的是在一定条件下唯一的最优解。而事实上由于决策的不确定性，不可能按最优化准则进行决策。有鉴于此，诺贝尔经济学奖获得者赫伯特·西蒙提出了以满意准则代替传统的最优化准则，决策者在决策中可根据已掌握的信息做出满意的选择，而不必苛求唯一的最优解，因而具有更大的弹性。决策的最优化准则向满意准则的转变，实质上也就是从刚性准则向柔性准则的转变。其次，管理决策的柔性化还体现在决策程序上。“一言堂式的决策”属于刚性决策，其最大的缺点是很难避免主观、片面、武断性错误，危害极大；“群言堂式的决策”是由相关人员独立自主地自由发表意见和建议，在此基础上，进行综合分析，择善而从，由此而形成的决策，可称为柔性决策，其最大的好处就是可以尽量避免刚性决策可能造成的失误。

### （二）奖酬机制的柔性化

柔性管理适用的对象是从事创造性活动的高素质员工，而创造性活动往往是一个过程应用，其间充满了不确定性和偶然性，且智力活动本身难以直接计量，所以创造性工作也难以量化。倘若硬性地将其量化并以此作为奖酬依据，势必会挫伤员工的积极性。

总而言之，“以人为本”的柔性管理并非新生事物，其思想在中西方管理思想史、各个时期均有体现。它也并非优越于“以规章制度为本”的刚性管理，只是在人类从工业时代迈入知识经济时代的今天，管理也由“物”转向“人”，人情、人性是当代管理者不得不考虑的问题。顺应人性、尊重人格、理解人心，柔性管理显然比刚性管理更具效力。

# 参考文献


[1] 钟政 . 企业经营风险管理理论实践研究 [M]. 长春：吉林科学技术出版社，2019.

[2] 魏保志 . 专利审查理论与实践：第 1 辑 [M]. 北京：知识产权出版社，2019.

[3] 张东向 .3M 理论与实践研究 [M]. 北京：企业管理出版社，2019.

[4] 王雅姝 . 大数据背景下的企业管理创新与实践 [M]. 北京：九州出版社，2019.

[5] 张健东，钱坤，谷力群，等 . 人力资源管理理论与实务 [M]. 北京：中国纺织出版社，2018.

[6] 李文静，王晓莉 . 绩效管理 [M]. 沈阳：东北财经大学出版社，2018.

[7] 林高峰 . 当前我国企业品牌建设与管理研究 [M]. 长春：东北师范大学出版社，2018.

[8] 王兴鹏 . 现代医院 SPD 管理实践 [M]. 上海：上海科学技术出版社，2019.

[9] 杜倩，洪雨萍 . 创业管理：企业成长战略的视野及实践 [M]. 长春：吉林大学出版社，2019.

[10] 左大杰 . 铁路现代企业制度研究 [M]. 北京：中国发展出版社，2019.

[11] 李益兵，郭钧，郭晨 . 现代制造企业质量管理方法与实践 [M]. 武汉：武汉理工大学出版社，2019.

[12] 韦秀长 . 中国电信运营企业成本管理的理论与实践 [M]. 北京：中国财政经济出版社，2017.

[13] 王保利 . 当代企业品牌策划与管理的理论实践研究 [M]. 北京：中国水利水电出版社，2017.

[14] 吴晓波 . 创新引领发展中国创新管理理论新探索 [M]. 杭州：浙江大学出版社，2019.

[15] 威廉・L. 麦金森 . 公司财务理论 [M]. 沈阳：东北财经大学出版社，

2019.

[16] 尹子民 . 企业管理理论与实践 [M]. 沈阳：东北大学出版社，2017.

[17] 陈雪钧 . 旅游企业管理理论与实践研究 [M]. 武汉：华中科技大学出版社，2017.

[18] 宁德煌，张晓霞 . 企业间营销管理理论与实践 [M]. 北京：科学出版社，2017.

[19] 王魁胜，张英奎，姚水红 . 点环源控制法：企业精细化管理的理论与实践 [M]. 北京：石油工业出版社，2017.

[20] 肖红军 . 企业社会责任议题管理：理论构建与实践探索 [M]. 北京：经济管理出版社，2017.

[21] 沈宏平 . 价值管理理论与实践 [M]. 广州：中山大学出版社，2017.

[22] 顾建光 . 现代公共管理理论与实践 [M]. 上海：上海人民出版社，2017.

[23] 马莉婷 . 网络营销理论与实践 [M]. 北京：北京理工大学出版社，2017.

[24] 边明伟 . 工商企业经营管理案例教程 [M]. 成都：西南交通大学出版社，2018.

[25] 涂扬举 . 智慧企业——框架与实践：第 2 版 [M]. 北京：经济日报出版社，2018.

[26] 皮埃尔 - 让·邦高奇 . 数字化企业设计和管理 [M]. 北京：航空工业出版社，2018.

[27] 贾康，冯俏彬，刘薇，等 . 供给侧结构性改革理论模型与实践路径 [M]. 北京：企业管理出版社，2018.

[28] 牛聚粉 . 基于事故致因理论的企业生产事故应急管理体制构建研究 [M]. 北京：新华出版社，2018.

[29] 沈玲 . 供应链绿色实践对企业绩效影响的实证研究 [M]. 哈尔滨：哈尔滨工程大学出版社，2018.